Anonymous

Die bayerische Rheinpfalz Reisehandbuch für Touristen

Anonymous

Die bayerische Rheinpfalz Reisehandbuch für Touristen

ISBN/EAN: 9783742832757

Hergestellt in Europa, USA, Kanada, Australien, Japan

Cover: Foto ©ninafisch / pixelio.de

Manufactured and distributed by brebook publishing software (www.brebook.com)

Anonymous

Die bayerische Rheinpfalz Reisehandbuch für Touristen

Die
bayerische Rheinpfalz.

Reisehandbuch für Touristen.

Mit einer Karte der Rheinpfalz von Dr. Hch. Möhl.

Kaiserslautern.
Verlag der J. J. Tascher'schen Buchhandlung.
1872.

Vorwort.

Große, glänzende Städte mit ihren manchfaltigen Genüssen, geräuschvolle Badeorte mit ihren Spielhöllen und ihrer sittlichen Fäulniß, prächtige Museen und Gallerien mit ihren kostbaren Schätzen, himmelhohe, mit ewigem Schnee bedeckte Berge, tiefe Seen darf der Reisende in unserer Pfalz nicht suchen; um sie zu finden, muß er dem breiten Touristenweg folgen, der von den Müßiggängern Europa's belagert und von den modernen Raubburgen, Pensionen und Hotels genannt, besetzt ist. Wer aber, des Bücherstaubs, der Schreibstube oder des Comptoirs satt, reine Luft, Waldesgrün, Sonnenschein, reiche Fluren, romantische Thäler und frische Quellen sucht, der wird sie in der Pfalz in Hülle und Fülle finden. Wer gerne mit einigen fröhlichen Gesellen und leichtem Gepäck auf etliche Wochen den Stecken in die Hand nimmt, um bald hier in der rebenumkränzten Laube ein Glas goldenen Weines zu schlürfen, bald dort sich am kecken Geplauder und lustigen Witzwort des Rheinländers zu ergötzen, bald wieder auf hoher Bergeshöhe im Burggemäuer von der Vergangenheit zu träumen, oder im schattigen, stillen Buchwald ungestört seinen Ge=

danken nachzuhängen, der komme zu uns, der wird frisch und erquickt das schöne Ländchen verlassen. Wer gerne solche Wege einschlägt, die noch nicht von dem großen Touristenschwarm abgegrast und breitgetreten sind, der kann bei uns noch Gasthäuser treffen, in welchen ihm kein befrackter Kellner des Morgens fußlächelnd die ellenlange Rechnung überreicht und hundert begehrliche Hände ihre Trinkgelder verlangen, der findet hier Naturschönheiten, von denen Berlepsch Nichts weiß, und hochragende Burgen, die nicht in den Sinn Bädecker's gekommen sind.

Geschrieben im Juni 1872.

Ein Pfälzer.

Die Pfalz.

I.
Land und Leute.

Der Reisende, welcher bei Mannheim den Rhein überschreitet, sieht vor sich eine reiche, weite Ebene und im Hintergrunde eine lange Hügelkette, welche wie eine Mauer den Horizont begrenzt und im Norden mit dem massigen Gebirgsstock des Donnersberges abschließt. Dies gesegnete Ländchen, das sein Fuß betritt, ist die bayerische Rheinpfalz, und jener Höhenzug, der die Pfalz in zwei ungleiche Hälften zerschneidet, die Haardt, ein Ausläufer der elsässischen Vogesen.

Unsere heutige Pfalz, etwa 108 ☐Meilen umfassend, hat keine von der Natur vorgezeichnete Gränzen; ist vielmehr ein willkürlich im Verlaufe der wechselvollen Geschichte zusammengewürfeltes Ländchen. In der Form eines verschobenen Vierecks finden wir es eingezwängt zwischen Baden, Hessen, Preußen und die Reichslande. Seine östliche kleinere Hälfte bildet ein Stück des weiten Rheinthals, der Norden hängt mit dem Hunsrücken zusammen, und der Westrich ist eine Fortsetzung des Lothringer und Elsässer Berglandes. Die Gebirge bestehen theilweise aus Sandstein und Kalk, doch stößt man auch auf Basalt und Porphyrberge, und wird namentlich der Donnersberg für einen ausgebrannten Vulkan gehalten. Der Geologe trifft hier Manches, was sein Interesse erregt. Im Rheinsand findet sich Gold, am Rande des Gebirges manche Spur untergegangener Epochen, am Donnersberg, Potzberg und bei Schönau Eisenerz und Quecksilber, und im Westrich der kostbare schwarze Diamant, die Steinkohle. Von den 40 ☐Meilen Wald, welche die Pfalz zählt, fällt weitaus der größte Theil auf den Westrich. Die Vorderpfalz ist, mit Ausnahme der S.-O.-Ecke und einiger sumpfigen Strecken am Rheine, ein fruchtbares, allenthalben angebautes Acker- und Gartenland. Der Westrich hat viele sandige, unfruchtbare Stellen, aber auch fruchtbare Erde, und namentlich schöne, grüne Wiesenthäler. Die Hochebene zwischen Kaiserslautern, Landstuhl, Homburg, Waldmoor und Steinwenden war in früheren Jahren ein ungesunder Bruch, der die Gegend mit Fieberluft erfüllte. Seit der Torf jedoch regelmäßig ausgestochen, das Wasser abgeleitet und die ausgestochenen Stellen mit Wald angelegt werden, ist das Fieber verschwunden, und bietet jetzt dieser sonst so traurige Strich einen erfreulicheren Anblick. Die Rheinebene muß allen Anzeichen zufolge in früheren Zeiten mit Wasser bedeckt gewesen sein. Man nimmt an, daß der Rhein hier einen großen, weiten See gebildet, von Basel bis Bingen, von den Vogesen bis zum Schwarzwald. Später habe er sich jedoch bei Bingen eine Bahn durch die Berge gebrochen und eine fruchtbare Ebene hinterlassen, die sich bald mit Städten und Dörfern füllte. Man findet jedoch auch Spuren von Thieren, welche nur im Seewasser weiterkommen und auf eine noch frühere Periode zurückzudeuten scheinen.

An Producten aller Art ist die Pfalz reich. Man baut mancherlei Sorten von Früchten und Gemüsen, in der Vorderpfalz viel Wein, Tabak und Krapp, Kohl, Hanf, Hopfen u. dgl.; im Westrich vorzüglich Futter, Kartoffeln, Korn und Hafer. In dem milden Klima der Rheinebene gedeihen Pfirsiche, Aprikosen, Mandeln, Kastanien, ja Feigen und allerlei sonstige feinere Obstsorten; an vielen Orten, auch des Westrich's, gerathen die Kirschen vortrefflich, und wird mit ihnen ein schwunghafter Handel nach England getrieben; die Wälder der Pfalz bestehen meistentheils aus Buchen und Kiefern, doch finden sich auch schöne Eichenbestände.

Der Viehzucht wendet der Pfälzer seit neuerer Zeit große Aufmerksamkeit zu, da sie sich mehr und mehr als eine rentable Speculation erweist. Man sucht die vorhandenen vortrefflichen Glan- und Donnersberger Rindviehracen durch Kreuzung mit bewährten ausländischen Arten möglichst zu vervollkommnen, und vielfach hat das gewöhnliche Landschwein dem englischen, und der Birkenfelder Gaul einer besseren Race Platz gemacht. Der Wildstand der Pfalz ist sehr bedeutend und geht eine große Masse Wildpret nach Paris. Man trifft eine Menge Hasen, Rehe, Wildschweine, Feldhühner, hie und da auch Schnepfen, ja, es scheinen in letzter Zeit die Wölfe einheimisch werden zu wollen. Am Rhein wird bedeutende Fischzucht getrieben, auch finden sich in den Bächen des Westrichs vortreffliche Forellen.

Ist die Pfalz auch ein vorzugsweise ackerbautreibendes Land, so nimmt doch die Industrie allenthalben einen erfreulichen Aufschwung. Kaiserslautern, St. Ingbert, Lambrecht bieten ganz das Ansehen von Fabrikorten, in Frankenthal, Oggersheim, Ludwigshafen, Neustadt und Zweibrücken zeigt sich immer größere Regsamkeit, seit das Land durch ein ausgedehntes Eisenbahnnetz, mitten in den Weltverkehr gezogen wird. Die Pfalz besitzt vorzüglich Eisenwerke, Eisengießereien, Maschinenfabriken aller Art, Tuch- und Baumwollindustrie, eine der größten Kammgarnspinnereien Deutschlands, Farbwaarenfabriken und bedeutende Bier- und Tabaksfabrikation. Das Kleingewerbe ist in seiner Entwickelung etwas zurückgeblieben, woran vorzüglich der Mangel an Geschmack bei der reichen Klasse, an Kunstschulen und Gewerbemuseen, an schönen Gebäuden und Monumenten in dieser oft verheerten Provinz die Schuld trägt. Uebrigens geschieht jetzt auch in dieser Beziehung alles Mögliche, damit das Handwerk den Anforderungen unserer Zeit zu genügen und die Concurrenz der Großindustrie zu bestehen vermag. Ein in neuerer Zeit sehr vervollständigtes Eisenbahnnetz und die Oeffnung der Gränzen gegen Elsaß und Lothringen versprechen der Pfalz einen großen Aufschwung im Handel und Wandel und einen erhöhten Wohlstand.

Die Pfalz hat eine uralte Geschichte, wie ja erfahrungsgemäß die ältesten Ansiedelungen der Menschen sich in weiten, fruchtbaren Flußthälern finden. Die Kraft dieses Bodens ist unverwüstlich, die Schönheit der Gegend unzerstörbar und die Anziehungskraft des herrlichen Landstrichs so gewaltig, daß er nach den größten Verheerungen und Zerstörungen in kurzer Zeit jedesmal wieder dicht bevölkert und rasch angebaut war.

Wie die schrecklichen Ausbrüche des Vesuvs die Einwohner nicht von ihrer verschütteten Heimath vertreiben, so konnten die größten geschichtlichen Revolutionen mit dem besten Willen die Pfalz nicht zur Einöde machen. Und wie viele Stürme sind im Buche der Jahrtausende über diese Ebene weggezogen, wie viele Entscheidungsschlachten haben hier die erbitterten Völker geschlagen, wie manches weltgeschichtliche Ereigniß hat sich in dieser „Pfaffengasse des hl. römischen Reiches" vollzogen! Diese Pfalz war einst eine der blühendsten Provinzen Roms; sie sah die Thaten Siegfrieds und der Nibelungen, und das schreckliche Wogen und Drängen der Völkerwanderung. Diese Gefilde zerstampften die Rosse der Hunnen und über die unglückliche Bevölkerung schwang Attila seine Geißel. Hier ließen sich die ersten Sendboten des Christenthums nieder, die aus England und Irland kamen, und bald erhoben sich überall Dome und Abteien. In der herrlichen Rheingegend standen die Lieblingsburgen und Schlösser der großen deutschen Kaiser, der Carolinger, der Hohenstaufen und Franken, und in den mächtigen Reichsstädten Straßburg, Mainz, Worms und Speyer wurde mancher prunkvolle Reichstag gehalten. Im Dome zu Speyer predigte Bernhard von Clairveaux einen großen Kreuzzug, und durch diese Gauen pilgerten die Schaaren der Geißler in schrecklicher Pestzeit. Auf seiner Burg zu Landstuhl starb der letzte würdige Repräsentant des mittelalterlichen Ritterthums, Franz von Sickingen, und Worms und Speyer sind die Geburtsstätten der Reformation, jener gewaltigen Bewegung, welche der neuen Zeit ihren Stempel aufgeprägt hat. Die Ruinen der hohen Ritterburgen und Schlösser, welche die vorderpfälzischen Berggipfel krönen, erzählen der Nachwelt mit beredtem Munde von dem Bauernkrieg, jener schrecklichen socialen Bewegung des sechszehnten Jahrhunderts, welche mit Feuer ebenso gut umzuspringen wußte und die Kunstwerke der Menschen ebensowenig schonte, wie die Pariser Commune. Daß von den Schrecken des 30jährigen Krieges diese reiche Gegend nicht verschont blieb, läßt sich leicht begreifen, wenn man bedenkt, daß dieser Krieg, der mit der Wahl eines pfälzischen Fürsten auf den böhmischen Thron seinen Anfang nahm, zuletzt zu Beutezügen roher Söldnerschaaren und Freibeuter ausartete. Auch die Fehden der kleinen Fürsten und Herren, welche zu Hunderten in dieser Gegend saßen, machten dem armen Bauer viel zu schaffen; allein das wollte nichts bedeuten gegen die gräuliche Verheerung, die der Raubkrieg Ludwigs XIV. 1689 und der spanische Erbfolgekrieg über die Pfalz gebracht haben. In jener Zeit der höchsten Blüthe des Absolutismus und religiösen

Fanatismus wanderten viele Tausende von Pfälzern nach England und Amerika. Auch die französische Revolution feierte hier ihre Orgien und gab zugleich den Fürsten und Herren manche bedenkliche Lehre. Durch die Pfalz zog Napoleon mit seinem stolzen Heere nach Rußland, und bei Mannheim und Laub erbrachen die Wirren zuerst nach der Schlacht bei Leipzig die Thore des damaligen Frankreichs.

Auf dem Hambacher Schloß begann die Einheitsbewegung des deutschen Volkes sich zum ersten Male zu regen; in diesem Lande träumte man 1848 den Traum eines einigen Deutschlands mit Kaiser und Parlament, der nach kurzer Zeit zerrann, bis im Jahre 1870 die deutschen Heere mit dem greisen Könige von Preußen gegen das übermüthige Frankreich durch diese Gefilde zogen und bei Spicheren, Wörth, Metz, Sedan und Paris die deutsche Einigkeit erkämpften. Als das Volk den Kaiser zurückkehren sah, da erinnerte es sich an die alte Sage von der großen Schlacht im Elsaß, bei welcher die Pferde bis an die Kniee im Blute waten sollten, worauf dann der alte Barbarossa in der Burg zu Kaiserslautern aufwachen und wiederkommen werde, das Reich aufzurichten in alter Herrlichkeit. —

In der Pfalz saßen erwiesener Maßen in der ältesten Zeit die Kelten, welche allmählich von den vordringenden germanischen Stämmen nach Westen gedrängt oder ausgerottet wurden. Die Römer hatten das Land, dem sie den Weinstock schenkten, bald mit gewohntem Geschick auf eine hohe Stufe der Cultur gebracht. Ein Straßennetz verband die rheinischen Niederlassungen und Castelle, und an sehr vielen Orten werden heute noch Alterthümer aller Art ausgegraben, die auf eine dichte Bevölkerung und entwickelte Cultur schließen lassen. Nach den Römern nahmen die Alemannen das Land in Besitz, welche nach der Schlacht bei Zülpich von den Franken bis über die Sauer im Elsaß zurückgedrängt wurden. Die heutigen Pfälzer sind demnach fränkischen Stammes, allerdings nicht ohne Beimischung alemannischen, ja, wie Manche behaupten wollen, selbst keltischen Blutes.

Man sollte denken, ein Völkchen, über das so vieles entsetzliche Stürme weggegangen sind und das so manchen Wechsel erlebt hat, das bald dieser, bald jener Herrschaft und Nation angehörte, bald diesen, bald jenen Glauben annehmen mußte, hätte allen Charakter und alle Originalität verloren. Mag durch diese Fluthen auch

manche Eigenthümlichkeit weggeschwemmt worden sein, im großen
Ganzen ist der Pfälzer doch ein origineller Mensch geblieben; was
für die Zähigkeit des fränkischen Stammes und die Productivität
der reichen Natur rühmliches Zeugniß gibt. Von seiner Originalität
ist er aber auch so sehr überzeugt, daß nach seiner Erzählung nicht
nur ein Kaiser einst in Bamberg einen singenden Pfälzer alsbald
aus der Menge herauskannte und zu sich kommen ließ, sondern daß
selbst der Sultan sofort den „Heem" in seinen Palast hinaufrief
und seiner Frau zeigte, weil ihn seine „Sproch" als Pfälzer ver-
rathen hatte. Diese Originalität besteht aber nicht in der Kleidung.
In dieser Beziehung haben die Stürme verheerend eingewirkt. Wer
außerdem an einer Weltstraße wohnt, entlehnt seine Kleider zuletzt
allen Nationen. Eine eigentliche althergebrachte Volkstracht besitzen
nur einzelne an den Elsaß gränzende Dörfer, in der übrigen Pfalz
sind bei dem Landvolke die Kappe und der Wamms (Spenser), bei
den Frauen Haube und Umschlagtuch beliebte Kleidungsstücke. Den
Dreimaster sieht man nur bei ganz alten Männern, dagegen ist der
dunkelblaue Kirchenrock noch vielfach in Gebrauch, und wird der
blaue Kittel namentlich von Metzgern, Fuhr- und Handelsleuten
gerne getragen.

Mag nun auch die Vergangenheit in dieser Beziehung nivel-
lirend gewirkt und den Pfälzer zu einem Kinde der Mode gemacht
haben, unter seinem modernen Hute und Rocke hat er doch noch
manche Eigenthümlichkeit bewahrt. Er trägt das frische, lecke Wesen
des Rheinländers zur Schau, der sich blutwenig vor den hohen
Herren genirt und sich selbst wie ein Freiherr vorkommt. Er hat
einen offenen Kopf, ein rasches Urtheil, das vielfach von Klugheit
und gesundem Menschenverstande zeugt, oft aber auch, gerade wegen
seiner Raschheit, weit neben das Ziel schießt. Er betheiligt sich
lebhaft bei allen Tagesfragen und fürchtet sich nicht, als Volksredner
auch über solche Angelegenheiten kühn zu debattiren, von welchen
er gar nichts versteht. Es ist das jene Eigenschaft, welche gerade
dem Pfälzer den Namen des „Krischers" gebracht hat; in der Nähe
betrachtet, nimmt sich diese Krischerei nicht so gefährlich aus, wenn
man sich nicht vor ihr fürchtet; der Pfälzer läßt sich gern belehren
und kann seine Freude nicht verhehlen, wenn einem „Weltskrischer"
tüchtig heimgeleuchtet wird. Leute von schneller Conception und

raschem Urtheil sind auch stets witzig, und so fehlt es dem Pfälzer auch nicht an einer gehörigen Portion Mutterwitz. Die wahre Gescheidtheit, auf welche man bei uns nicht wenig hält, zeigt sich am meisten in der Schlagfertigkeit, mit der man den Gegner abtrumpft und heimschickt. Ein Wettkampf zwischen zwei pfälzischen Schwöglein hat etwas überaus Belustigendes; es folgt da Schlag auf Schlag, keiner bleibt dem andern ein Wort schuldig, und das lauschende Publicum begleitet die mehr oder minder gelungenen Witze mit donnerndem Gelächter. Auch sonst liegt es in der Art des Pfälzers, sich lustig zu machen über alles Fremde und Auffallende, zu „utzen" und zu „sticheln", und es wird wohl wenige Menschen unter uns geben, die es nicht zu irgend einem „Unnamen" gebracht haben, den sein Inhaber nie mehr verliert. Der Fremde, welcher unser Land besucht, möge sich nicht vor diesen Eigenschaften fürchten; er wird sich allenthalben bald in einem fröhlichen, leicht zugänglichen Kreise offener Menschen finden, und wenn irgend Jemand seinen Witz an ihm versuchen möchte, darf er ihn nur gehörig und rasch heimschicken, so hat er die Lacher völlig auf seiner Seite.

Diese Keckheit, Raschheit, dieser naturwüchsige Witz, der manchmal nicht ohne Derbheit ist, tritt auch in dem Dialect des Pfälzers hervor, in seiner schnellen, lauten, etwas singenden, an drastischen Redewendungen und Flüchen sehr reichen Sprache. Der pfälzische Dialect ist nur eine kleine Variante des rheinisch-fränkischen, der im untern Baden, im Hunsrück, in Rheinhessen, ja bis Frankfurt und Würzburg gesprochen wird. Wer diesen Dialect genau kennen lernen und zugleich eine gelungene Photographie des Pfälzers, wie er leibt und lebt, mit sich forttragen will, darf nur die Gedichte Nadler's und Schandein's zur Hand nehmen, von welchen Ersterer mehr den Bewohner des Rheinthals, Letzterer mehr den stilleren, sinnigeren Westrichen porträtirt.

Ein Mensch, raschen, beweglichen Wesens und hellen Kopfes, der vielfach vom Schicksal heimgesucht wird und zugleich durch die Parcellenwirthschaft auf den Kampf um's Dasein hingewiesen ist, muß wohl zuletzt ein praktisches Wesen und einen rührigen Charakter annehmen. So hat sich denn die Pfalz auch immer rasch nach allen Unglücksschlägen zu einem gewissen Wohlstande erhoben und kann dem Pfälzer nicht abgesprochen werden, daß er sich schnell in alle

Lebenslagen zu finden weiß. Bewundernswerth ist, wie der kleine Weinbergbesitzer an der Haardt seinen Wingert bewirthschaftet, und wie die Hausfrauen im kleinen Gärtchen kein Fleckchen Land unbenützt lassen. Dieser praktische Sinn hat aber auch seine schlimmen Folgen, die besonders auch in der Pfalz mehr oder minder unangenehm hervortreten. Aus ihnen entwickelt sich vielfach ein gewisses „Protzenthum", das stolz auf seinen Geldsack pocht und hochmüthig auf den „Bettelmann" und alle Beschäftigungen, die nicht unmittelbar Geld einbringen, herabsieht. Dichter, Maler, Musiker rangirten in den Augen mancher Pfälzer noch vor einiger Zeit unter die „Lumpen"; und als sich ein Gymnasialprofessor jüngst in einem Musikantendorf des Westrichs um das Bürgerrecht bewarb, da wurde es ihm abgeschlagen mit dem Bemerken: Ein Professor könne dem Dorf mit unversorgten Kindern zur Last fallen; wäre er noch wenigstens ein Musikant, so hätte man ihn angenommen. Eine derartige allzugroße Ueberschätzung des Reellen führt zur Verachtung des Idealen; der allzupraktische Sinn ist geneigt, die Wissenschaft, Dichtkunst; Alles, was das Leben verklärt, erhebt und verschönert, gering zu achten und allmählich der Prosa; der hausbackenen Nüchternheit und dem materiellen Genuß als Beute anheimzufallen. An diesem Fehler im Charakter der Pfälzer mag jedoch auch der Mangel eines wissenschaftlichen Centrums, großer kunstliebender Herren, reicher Großstädte, einer Residenz, schöner Sammlungen und Bauten aus der Vergangenheit Schuld sein. Es geschieht neuerdings von Seiten der Regierung und intelligenter Stadtverwaltungen alles Mögliche, um dem überhandnehmenden Materialismus auf alle Weise zu steuern.

Eine rühmliche Eigenschaft des Pfälzers ist seine Gastfreiheit, die wohl nirgends in Deutschland so geübt wird, wie hier. Der Fremde betritt im Weinland kaum das Zimmer, so eilt der Hausherr in den Keller, um den Gast mit vollem Becher zu bewillkommnen. Wer so mit dem Pfälzer näher vertraut wird — und dies gelingt sehr leicht — der muß bald sein gemüthliches, frohes, offenes Wesen liebgewinnen; er wird finden, daß unter dem modernen Gewande des Volkes noch mancher Schatz aus vergangenen Zeiten verborgen ist. Der Pfälzer liebt das Volkslied; er liebt seine Heimath und sein Vaterland, er hat bei seinen Volksfesten, Kirchweihen, Hochzeiten noch manchen schönen alten Gebrauch festgehalten, und wenn auch die Stürme alle Pracht des Mittelalters weggefegt haben, im Volksmunde leben noch viele Sagen und Geschichten aus alten, grauen Zeiten. Wenn der Reisende die schönen, stadtähnlichen Dörfer der Haardt durchwandert, wenn ihn warmer Gruß und Handschlag an der Thür willkommen heißt, wenn er unter dem Rebendache bei trefflichem Mahle und köstlichem Trunke — beide Dinge sind in der Pfalz heimisch — sein Auge über die blühenden Fluren und lachenden Auen hinschweifen läßt, dann wird er dem Pfälzer sein bisschen Bolz und Uebermuth leicht verzeihen und scheidend wohl gern in dessen Lieblingswort einstimmen:

„Fröhlich Pfalz, Gott erhalt's!"

II.

Die Sehenswürdigkeiten der Pfalz.

Der Reisende, welcher von Mainz her durch den gesegneten Rheingau der Pfalz zueilt, möge nicht versäumen, der uralten berühmten Reichsstadt

Worms (Alter Kaiser, Hotel Hartmann, Bellevue, Rhein. Hof, Restaur. Worret) einige Stunden zu widmen. Die Stadt, neben Trier die älteste Deutschlands, zählte einst in ihrer Blüthezeit 60—80,000 Einwohner, sank aber in Folge der französischen Verheerungen allmählich auf 5000 herab. Erst in neuerer Zeit hat sie sich als Knotenpunct einiger Bahnen wieder gehoben, und zählt gegenwärtig etwa 14,500 Seelen, welche bedeutende Industrie und lebhaften Handel treiben. Sehenswerth ist hier vor Allem das großartige 1868 enthüllte Luther-Denkmal, welches den Helden der Reformation als kühnen jugendlichen Mönch darstellt, wie er vor Kaiser und Reich (1521) die Worte ausrief:

Hier stehe ich, ich kann nicht anders, Gott helfe mir, Amen.

Dieses letzte Werk Rietschel's mag vielleicht insoferne Tadel verdienen, als es kein geschlossenes Ganze darstellt, allein die einzelnen Erzfiguren erregen wegen ihrer meisterhaften Conception die höchste Bewunderung. Hinter dem Luther-Denkmal erhebt sich der alte romanische Dom, der zu den schönsten Bauwerken dieses Styls gerechnet wird. Auch die schöne gothische Liebfrauenkirche, in deren Umgebung die berühmte Liebfrauenmilch wächst, die Paulskirche und die uralte Synagoge sind des Besuches werth. Zur Zeit der Kreuzzüge fanden hier entsetzliche Judenverfolgungen statt, und 1689 wurde die ganze Stadt, mit Ausnahme obiger Gebäude, von Melac weggebrannt, der den Auftrag hatte, um die Grenzen Frankreichs eine Einöde herzustellen. Von den Tagen, wo hier König Günther herrschte und der Held Siegfried die schöne Chriemhilde freite, erzählt keine Säule und kein Stein mehr; nur der Rosengarten, einst eine Rheininsel, jetzt rechts des Rheines gelegen, erinnert an die Zeiten burgundischer Herrlichkeit, obschon er selbst in dem Zustande geblieben zu sein scheint, in welchem ihn der tolle Mönch Ilsan gelassen hat.

Von Worms gegen den Donnersberg zu liegt das Schloß Gernsheim, der Stammsitz des berühmten Geschlechts der Dalberge, ferner

Pfeddersheim, wo Friedrich der Siegreiche einst den Churfürst von Mainz schlug, und im Jahr 1525 der pfälzische Bauernkrieg blutig erstickt wurde. Weiter nordwestlich in der Kornkammer der Churpfalz finden wir das uralte Städtchen

Alzey, die Heimath des Fiedlers Volker, mit einer sehr sehenswerthen gothischen Kirche und einem churpfälzischen, in Trümmern liegenden Residenzschlosse.

Eine kurze Strecke hinter Worms überschreitet die Bahn die Gränze der Rheinpfalz und hält bald an dem freundlichen, reinlichen Städtchen

Frankenthal (Restauration Otto, Actienbrauerei), einst die 3. Residenzstadt der Churpfalz. Schloß und Garten sind verschwunden, und nur der schöne, breite Rheincanal und hie und da in den Häusern ein Service oder eine Figur aus der berühmten churpfälzischen Porzellanfabrik erzählen von den Tagen des Glanzes. Auch jetzt ist Frankenthal ein industrielles, reiches Städtchen und wird in seiner Umgegend ein vorzüglicher Acker- und Gemüsebau betrieben. Sehenswerthes findet sich hier wenig. Der Kunstfreund möge nicht versäumen, die im feinsten romanischen Style gehaltenen Portale der alten zerstörten Klosterkirche zu betrachten.

Die Eisenbahn durchzieht eine reiche, fruchtbare, mit schönen Dörfern besäete Gegend und berührt das Städtchen

Oggersheim. Die imposanten Gebäude rechts vom Bahnhofe enthalten eine der größten Baumwoll-Sammtfabriken Deutschlands. Oggersheim war früher eine feste Stadt, und wird erzählt, daß, als die Spanier im dreißigjährigen Kriege dem Orte nahten, die ganze Bevölkerung entflohen sei mit Ausnahme des Kuhhirten, dessen Frau der Entbindung nahe war. Unser Hans Warsch schloß die Thore und trat kühnlich auf den Wall, wo er eine vortheilhafte Capitulation mit dem Feinde einging. Es machte dieses Auftreten auf den spanischen General Corduba einen solchen Eindruck, daß er nachher das Kind des Hirten über die Taufe hob. Oggersheim besitzt jetzt ein Minoritenkloster, das einzige in der Pfalz, und eine Wallfahrtscapelle im Style der von Loretto gebaut. Das Haus (Bischhof), in welchem sich unser Schiller in den Zeiten schwerer Noth aufhielt und seinen Fiesco dichtete, ist durch eine steinerne Tafel bezeichnet. Unserm vortrefflichen Kenner der Pfalz, Blaul, erzählten alte Leute, daß sie den Dichter gesehen hätten, wie er auf der Straße nach Mannheim promenirte, die Hände in den Taschen der Klappenweste, deren Flügel er tactmäßig hob und niederschlug. Vielleicht scandirte er auf diese Weise die Verse seines Trauerspiels.

Eine Stunde weiter in östlicher Richtung zeigen uns stattliche Thürme und rauchende Schlote die Nähe einer großen Stadt an. Es ist das freundliche

Mannheim (Pfälzer Hof, Drei Glocken, Rosenstock, Bockleller) mit seiner jungen Rivalin, auf dem linken Rheinufer

Ludwigshafen (Deutsches Haus, Actienbrauerei, Bahnhofrestauration).

Mannheim, eine moderne, schachbrettartig gebaute Stadt von nahezu 40,000 Einwohnern, am Einfluß des Neckars in den Rhein, hat keine so lange Vergangenheit, wie die meisten andern rheinischen Städte. Die Churfürsten besaßen hier im Mittelalter zwei feste Schlösser, in deren einem Papst Johann XXIII., nach seiner Absetzung auf dem Concil zu Constanz, gefangen gehalten wurde. Im dreißigjährigen Kriege wurde die Festung von Tilly, später vom Herzog von Weimar, und endlich von den Bayern erobert und der Erde gleich gemacht. Churfürst Ludwig baute die Stadt wieder neu auf und schickte von hier dem französischen Marschall Turenne die berühmte Herausforderung zum Zweikampf, welche der Marschall abschlug. Allein seine Angriffe wurden ebenfalls abgeschlagen, und er mußte unverrichteter Sache weiter ziehen. Im Orleans'schen Kriege nahm jedoch Melac die Festung und brannte sie gänzlich nieder. — Cohorn erbaute das neue Mannheim in seiner jetzigen Gestalt, das aber erst zur Blüthe kam, als der kathol.

Churfürst Carl Philipp im Zorne über Heidelberg's Bürger, die ihm die dortige Heiliggeistkirche verweigerten, hier seine Residenzstadt aufschlug. Damals wurden das große weitläufige Schloß und die sehenswerthe Jesuitenkirche im Rococostyle aufgeführt. Unter Carl Theodor hielten sich hier Dalberg, Iffland und Schiller auf, denen vor dem unschönen Theater eherne Bildsäulen errichtet sind. Damals wurde Mannheim auf kurze Zeit in Kunstsachen die tonangebende Stadt in Deutschland, und jetzt noch genießt das Theater eines vortheilhaften Rufes und zahlreichen Besuchs aus der ganzen Umgegend. Nachdem Mannheim in den 90er Jahren von den Franzosen und Oesterreichern schwer zu leiden gehabt und seine Residenz verloren hatte, sank es zu einer stillen, öden Provinzialstadt herab, die im Geruche großer Langeweile stand. Die Eisenbahn brachte jedoch neues Leben, und seitdem hat sich die Stadt zum zweiten Handelsplatz am Rheine und zu großem Reichthum emporgeschwungen. Nach Vollendung des projectirten Canals zwischen hier und Straßburg dürfte der Handelsplatz noch größere Bedeutung gewinnen. Sehenswerth sind: Jesuitenkirche, Bildergallerie, Theater, Zeughaus, Schloß mit Schloßgarten und die schöne, eiserne Brücke, welche Mannheim mit Ludwigshafen verbindet. Auf einer Wiese an dem Heidelberger Thore — Kuhwiese genannt — wurde am 20. Mai 1820 der Burschenschafter Sand hingerichtet, der den Dichter Kotzebue erstochen hatte. Empfehlenswerth sind von hier Ausflüge nach dem schönen Heidelberg mit seiner prächtigen Schloß=Ruine und dem nahe gelegenen Schwetzinger Garten.

Ludwigshafen wurde im Jahre 1843 von König Ludwig von Bayern gegründet und zählt schon jetzt über 8000 Seelen. Die Bahn, der Freihafen und einige Fabriken bringen dem ansehnlichen Städtchen viel Verkehr und Leben. Neuerdings wurden baselbst zwei neue Kirchen gebaut, eine im romanischen, die andere im neugothischen Style. Bei letzterer geht nun der Thurm langsam seiner Vollendung entgegen. Von Ludwigshafen zieht sich die Bahn durch eine reiche, mit stattlichen Dörfern besetzte flache Gegend bis Schifferstadt, wo die Hauptlinie nach Westen einbiegt, während die Seitenbahn nach Speyer und Germersheim abzweigt. Wir wählen diese letztere Linie und gelangen nach kurzer Zeit nach der altehrwürdigen Hauptstadt der Rheinpfalz

Speyer (Wittelsbacher Hof, Rhein. Hof, Adler, Restauration Bregenzer, Café Schwesinger, Gutmann, Kern, Bierbrauerei Sonne, Storch). Die Geschichte dieser Stadt reicht hinauf in die Zeiten der Kelten und Römer, unter denen sie ein starkes, mit prächtigen Tempeln geschmücktes Standquartier der vierten Legion war. Die Hunnen verwüsteten die Stadt, und erst durch die deutschen Kaiser, die sich gerne hier aufhielten, wurde sie zu einer der mächtigsten Reichsstädte Deutschlands erhoben, deren waffenfähige Mannschaft oft 10,000 Mann stark ausrückte. Im Mittelalter setzte es viele innere Kämpfe unter den Zünften und mit den Bischöfen, welche die Rechte der Stadt vor ihrem Einzug in den Dom beschwören mußten. Von den Schrecken des 30jährigen Krieges erhob sich die reiche Stadt bald wieder, nimmermehr aber von dem schrecklichen Feuer, das durch den französischen General Monclar gelegt, in 72 Stunden den ganzen Ort bis auf den Dom und das Altpörtel verzehrte. Die Stadt war verödet und verarmt und blieb selbst im Jahre 1792 für die französische Grippe-Commission wenig mehr zu holen übrig. Dieselbe ist nunmehr Sitz der Kreisregierung, eines Bischofes, des protestant. Consistoriums und besitzt ein Gymnasium, ein Realgymnasium und eine Gewerbschule. Das Realgymnasium ist in einem sehr stattlichen, sehenswerthen Neubau untergebracht. Ob die neuen Bahnen die „Todtenstadt des römischen Reichs" zu neuem Leben und zum alten Glanze bringen werden, bleibt abzuwarten. Jetzt zählt sie wieder gegen 13,000 Seelen. — Die erste Sehenswürdigkeit ist der ehrwürdige, in gutem romanischen Style gebaute, frei und imposant gelegene Kaiserdom. Derselbe wurde im Jahre 1030 von Kaiser Conrad II. begonnen und von Kaiser Heinrich IV. vollendet. Er litt mehrere Male durch Feuer, am meisten aber durch die Franzosen, welche ihn 1689 plünderten und 1792 in ein Heumagazin verwandelten. König Ludwig I. erbarmte sich seiner Armuth, ließ die störende häßliche Fronte abreißen und stylgemäß erneuern und das Innere prächtig ausmalen und ausschmücken. Jetzt gehört das Gotteshaus nicht nur zu den größten — es umfaßt 1703 Quadratmeter mehr, als der Straßburger Münster —, sondern auch zu den schönsten Europa's. Durch das reiche Portal treten wir in die Kaiserhalle, mit den Standbildern der 8 Kaiser geschmückt, die einst hier beigefetzt wurden. Von hier aus gelangen wir in das Innere, das, von 12 Pfeilern getragen, durch seine Größe und Pracht einen überwältigenden Eindruck hervorbringt. Das Langhaus hat drei Schiffe, hinter denselben erhebt sich das Königschor und wieder 9 Stufen höher das Hauptchor mit dem Hochaltar unter einer majestätischen Kuppel. Im Königschor wurden 8 Kaiser: Conrad II., Heinrich III., Heinrich IV., Philipp, Rudolph von Habsburg, Adolph von Nassau und Albrecht, dann 3 Kaiserinnen und eine Kaisertochter beigesetzt. Ihre Asche zerstreuten die Franzosen in den Wind. Links und rechts erheben sich zwei schöne Statuen: Albrecht's und Adolph's von Nassau.

— Die ganze Kirche ist reich mit Gold und Ornamenten geziert und wurde von dem Maler Schraudolph von 1845—53 mit musterhaften Fresken geschmückt. Das Votivbild in der Kaiserhalle zeigt den Maler selbst, welcher der Patronin der Kirche, Maria, seine Huldigung abstattet. Die 24 Bilder des Langhauses stellen Scenen aus der bibl. Geschichte dar. Zur Linken finden wir 1) Adam und Eva und die erste Weissagung einer Erlösung; 2) die Vision Abraham's; 3) die Vision David's; 4) Geburt Mariä; 5) Vermählung Mariä; 6) Besuch Maria's bei Elisabeth; 7) die Weisen aus dem Morgenlande; 8) die Beschneidung; 9) Maria findet Jesu im Tempel; 10) der Tod Joseph's; 11) Jesu als Lehrer; 12) der auferstandene Jesu erscheint seiner Mutter. Auf der rechten Seite finden wir abermals, von der Thüre ausgehend: 1) das Dankopfer Noa's; 2) Moses vor dem brennenden Dornbusch; 3) der Prophet Jesaias; 4) Mariä Opferung; 5) der englische Gruß; 6) die Geburt Jesu; 7) Simeon's Weissagung; 8) Flucht nach Aegypten; 9) Jesus zu Nazareth; 10) Hochzeit zu Cana; 11) Kreuzigung; 12) Sendung des hl. Geistes. Das Kuppelgewölbe zeigt in der Mitte das Lamm Gottes, umgeben von den 4 alttestamentlichen Vorbildern des Opfers: Abel, Abraham, Melchisedech und dem Manna, den vier großen Propheten und den vier Evangelisten. Das südliche Seitenchor ist dem Märtyrer Stephanus geweiht, das nördliche enthält Bilder aus dem Leben Bernhard's von Clairbeaux, der 1146 vor Kaiser Conrad III. hier begeistert zum 2. Kreuzzuge aufforderte. Die Fresken des Stiftschores (in welchem der bischöfliche Stuhl steht) verherrlichen wieder das Leben Mariä. Vorzüglich ist namentlich der Abschluß: die Krönung Maria's im Himmel. Sehenswerth ist auch noch die Crypta, die große unterirdische, von 24 Pfeilern getragene Gruftkirche, die alte Grabsteine und beschädigte Monumente enthält. — Wenn wir aus den hohen Hallen des Domes heraustreten, stoßen wir auf der Nordseite im Domgarten auf eine seltsame Ruine. Es ist dies der sogenannte Oelberg, eine Darstellung der Scene im Garten Gethsemane, von der Hand eines geschickten, in der realistischen Weise des deutschen Mittelalters arbeitenden Steinmetzen. Die Franzosen haben das Kunstwerk verstümmelt, als sie 1792 die Civilisation in die Welt trugen. Auch das sind die Spuren der Väter, welche Napoleon III. mit seiner Armee 1870 aufsuchen wollte. Umgehen wir das Chor des Domes, so stoßen wir auf ein Thürmchen — Heidenthürmchen genannt —, das der alten Stadtbefestigung angehört zu haben scheint. Die kleine, moderne Capelle auf der Nordseite des Domes, dem Antiquitätencabinet gegenüber, ist die Afracapelle, wo die Leiche Heinrich's IV. 4 Jahre stand, bis endlich der Bann gelöst und der im Tode noch verfolgte Kaiser zu seinen Vätern versammelt wurde. — Das Antiquitätencabinet gibt Zeugniß von den zahlreichen römischen und keltischen Alterthümern, die allenthalben in der Pfalz gefunden werden. Vor dem Dome, an dem Eingange in die breite Maximiliansstraße, steht der große Domnapf, der beim Einzug des Bischofes und in den letzten Jahren bei festlichen Gelegenheiten mit Wein gefüllt wurde. Rechts vom Dome führt eine Seitenstraße nach der protestantischen Kirche, in deren Nähe wenige armselige Trümmer die Stelle bezeichnen, wo einst der prächtige Retscher (Hrabschin) sich erhob. Hier wurden 29 Reichstage gehalten, darunter die zwei berühmten von 1526 und 1529, welch' letzterem der Protestantismus seinen Namen verdankt. Man beabsichtigt, an die Stelle der jetzigen Kirche einen schönen gothischen Bau aufzuführen, zu dem schon ein Plan und ein ziemlicher Fond vorhanden sind. Wenn wir die breite Maximiliansstraße durchwandeln, so fällt uns ein äußerst malerischer, hoher Thurm in die Augen, der die Straße nach der dem Dome entgegengesetzten Seite abschließt. Das ist das Altpörtel (alta porta), ein Thor, das in seinen untern Theilen vielleicht der Römerzeit, in den obern Partien aber entschieden dem Mittelalter angehört und früher mit Fresken bedeckt war. — Wer etwa einen Umblick auf die reiche Gegend und die Gebirgszüge links und rechts des Rheins machen will, möge den Thurm des Doms oder Altpörtels besteigen.

Wir verlassen Speyer, um uns in südlicher Richtung mit der Bahn nach Germersheim zu begeben. Wir berühren das hübsche Dorf Berghausen, ein beliebter Ausflugsort der Speyerer, wo man den vortrefflichen Narrenberger Wein baut, stoßen bei Lingenfeld auf ein Stück Altrhein, den sogenannten rothen Hamm, der einst das Dorf wegzuschwemmen drohte, ehe die großen Rheindurchstiche gemacht wurden, und befinden uns in wenigen Minuten in der alten Stadt

Germersheim (Elephant). Hier hatten die Römer ein Standquartier (Vicus Julius) und baute der Kaiser Conrad I. eine Burg, in welcher Rudolph von Habsburg starb. Der Ort wurde im dreißigjährigen und im Franzosen-Kriege mehrmals erobert und gewann erst eine gewisse Bedeutung, als man im Jahre 1834 aus französischen Contributionsgeldern hier eine Festung zu bauen begann, welche den Rhein beherrschen und in Verbindung mit Landau die Ebene gegen Frankreich sperren sollte. Die vortreffliche Festung hat in Folge der Niederlegung Landau's und der Erwerbung von Straßburg und Metz viel von ihrer Bedeutung verloren. Bei dem Militär ist sie seit lange als „Fiebernest" kein beliebter Garnisonsort. Für Sachverständige mag die Festung manches Interessante bieten, im Orte selbst ist nichts zu sehen. Dem Liebhaber von römischen Alterthümern rathen wir von hier zu einem Abstecher nach dem 1½ Stunden weit südlich gelegenen Städtchen Rheinzabern, wo eine große Masse Antiquitäten aller Art gefunden wurde und wird.

Von Germersheim aus durchschneidet die Bahn in westlicher Richtung die Ebene, den Gau, und führt uns in einer Stunde nach der vielgenannten Stadt Landau. In diesem Gau liegen viele große Dörfer, die mit ihren hellen Häusern, breiten, gepflasterten Straßen, hübschen Brunnen und sorgfältig eingefaßten Wasserleitungen den Eindruck des Wohlstandes und der Behäbigkeit hervorbringen. In vortrefflichem Boden gedeihen Tabak und Gemüse aller Art, mit denen ein schwunghafter Handel getrieben wird. Schon eine Strecke vor Landau beginnt der Boden wellenförmig anzusteigen und stößt man da und dort auf Weinberge. Wir kommen nun in die Zone des Traubenstocks, der an den Abhängen des Haardtgebirgs von Bergzabern bis gegen den Donnersberg in vortrefflicher Weise gedeiht und in guten Jahren großen Gewinn abwirft. Es ist dieser Weinstrich eine lustige Gegend, und herrscht namentlich zur Zeit der Traubenlese ein fröhliches Leben und Treiben. Wohl wenige Gegenden Deutschlands werden sich mit diesem Landstrich an Schönheit messen können, und rathen wir dem Touristen, hier fleißig Fußwanderungen anzustellen, um Land und Leute recht kennen zu lernen.

Landau (Pfälzer Hof, Schwanen, Café Feierabend, Bier im Stift, englischen Garten und bei Kaul), reiches, enggebautes Städtchen, von Wällen und Gräben umschlossen, zählt etwa 6600 Einwohner. Die Umgegend der Stadt ist dicht bevölkert, und kann man von ihrem alten Kirchthurme sich überzeugen von der Menge der spitzen Dorfthürme, die von allen Seiten aus grünen Bäumen oder Weinbergen herübergrüßen. Die Stadt, gegründet 1254 von Emich von Leiningen, gehörte zu den elsässischen Reichsstädten und hatte bei allen Kriegen, welche diese Gegend heimsuchten, entsetzlich zu leiden. 1688 kam sie definitiv in die Hände Frankreichs und wurde von dem berühmten Vauban in eine Festung ersten Rangs umgeschaffen, die durch das Flüßchen Queich an drei Seiten mit Wasser umgeben werden konnte. Als starke Gränzfeste war sie nun der Zankapfel zwischen Deutschland und Frankreich. Im spanischen Erbfolgekriege wurde sie zwei Mal von den Deutschen und zwei Mal von den Franzosen genommen, worauf sie beim Friedensschluß in den Händen der Letzteren verblieb. Die Landauer begrüßten die Revolution mit Enthusiasmus und vertheidigten bei der harten Belagerung im October 1793 sich mit der französischen Garnison auf's heftigste gegen die Preußen. Da hieß es in Paris: Tod oder Landau! ein Ruf, der jetzt noch in dieser Gegend scherzweise ausgestoßen wird, und Hoche mit St. Just und Lebas brachten der bedrängten Stadt Ersatz. Hier etablirte sich damals ein Stück Convent, man fuhr die Guillotine auf, schmückte die Kirche mit einer Jacobinermütze, nachdem sie vorher in einen Tempel der Vernunft verwandelt war, und begann die Umgegend zu plündern, wobei so manche Landauer als „Grippecommissäre" keine kleine Rollen spielten. 1814 blieb die Stadt bei Frankreich, 1815 fiel sie an Deutschland und wurde zur Bundesfestung erklärt. Da die Festung aber bei der Tragweite der jetzigen Geschütze von 3 Seiten völlig beherrscht wird, und auch durch die Wiedergewinnung der Reichslande ihre strategische Bedeutung verloren hat, steht ihre völlige Schleifung nahe bevor. In Landau ist außer der alten Stiftskirche wenig

zu sehen, wir rathen dem Fremden jedoch, einen Spaziergang über die Wälle zu machen, die mit schattigen Alleen bepflanzt sind. Er hat dabei Gelegenheit, die Sorgfalt zu bewundern, mit welcher der Pfälzer seine Gärten schmückt und pflegt. Wenn der Reisende uns folgt, wird er nun den Wanderstab zur Hand nehmen und mit leichtem Gepäck und Herzen den romantischen Berggipfeln des Haardt=
gebirges, die kühn aus der Ebene aufsteigen, entgegeneilen. Sobald er die Stabt in westlicher Richtung verläßt, sieht er rechts einen spitzen Kirchthurm aus grünen Weinbergen herüberglänzen. Dort liegt

Nußdorf, wo im Jahre 1525 bei Gelegenheit der Kirchweihe der schreckliche Bauernkrieg ausbrach, der so mancher schönen Burg und Abtei, so manchem verführten Bauern Verberben und Tod ge=
bracht hat. Die schöne Straße führt durch die stabtähnlichen Dörfer

Godramstein und Siebeldingen nach dem schöngelegenen

Albersweiler (Goldenes Kreuz), wo das romantische Annweiler Thal seinen Anfang nimmt. Rechts in einem Thälchen liegt das ehemalige Löwenstein'sche Schlößchen „St. Johann", links Birkweiler mit excellentem Weine (Käsenbuscher) und vor uns die imposante Ruine Trifels. Von ba erreichen wir in ³/₄ Stunden Annweiler, von wo wir dem Reisenden eine Reihe interessanter Ausflüge zu unternehmen rathen.

Annweiler (Trifels, Restauration von Seibel, Actien=
brauerei zum Burgkeller, Bierbrauerei von Hildebrand) ist ein schön gelegenes, freundliches Städtchen mit einem stattlichen, im Renaissancestyl gebauten neuen Rathhause und einer hübschen ka=
tholischen Kirche. Die Bewohnerschaft ist zuvorkommend und um=
gänglich, und wird sich der Fremde hier balb Bekannte verschaffen. Auf schöne und gute Gebräuche machen wir den Fremden von vorn=
herein aufmerksam, die nur dazu beitragen, das Reisen in der Pfalz angenehm zu machen. Zum Ersten gibt man dem Aufwärter oder der Kellnerin nicht bei jedem Mittagessen oder Glas Bier ein Trink=
geld, vielmehr ist es durchweg nur üblich, dort, wo man übernachtet hat, dem Hausknecht und dem Stubenmädchen eine Kleinigkeit zu verabreichen, alles Weitere ist vom Uebel. Zum Andern pflegt der Pfälzer auf seinen Wanderungen, namentlich bei Bergtouren, sich tüchtig mit Proviant vorzusehen und dann auf luftiger Bergeshöhe in dem Schatten einer alten Eiche oder unter den Trümmern einer

Burg ein fröhliches Mahl im Kreise munterer Genossen abzuhalten. Zum Dritten ist der Pfälzer kein großer Freund von Ceremonien, er liebt vielmehr die Nonchalance, und kann der Fremde ohne Bedenken im Reiseanzuge seine etwaigen Besuche abstatten. Es hält sehr leicht, von einem Orte der Pfalz Empfehlungen an den andern zu erhalten, und wir rathen dem Fremden, hievon Gebrauch zu machen, um mit dem Volk und dessen Sitten und Sagen rascher und besser bekannt zu werden. Es wird ihm auffallen, wie genau alle Pfälzer einander kennen, manchmal möchte es scheinen, als bildeten alle nur eine Familie; erkundigt er sich in Annweiler nach einem Bekannten in Zweibrücken, so wird er sofort genaue Auskunft über ihn erhalten; trifft er den rechten Mann, so erfährt er sogar, in welchen Vermögensumständen derselbe lebt und was seine Großmutter für eine Geborene gewesen ist. Die genaue Bekanntschaft der Pfälzer unter einander rührt von der langen Abgeschlossenheit des kleinen Ländchens, in das nur hie und da einmal ein „altbayerischer" Beamte hereindrang, den man früher nicht einmal mit den günstigsten Augen betrachtete. Doch wir nehmen unsern Stab und besteigen früh Morgens den Rehberg, zu dem der Weg auch ohne Führer leicht zu finden ist. Ueberhaupt kann der Fremde den Führer meistens entbehren, da er in dieser dicht bevölkerten Provinz überall auf Menschen stößt, die ihn freundlich auf die rechte Fährte weisen. Nur bei großen Touren in den Wald mit seinen verschlungenen Pfaden wird es gerathen sein, einen ortskundigen Jungen als Begleiter mitzunehmen. Der Rehberg, 574 Meter hoch, wurde in neuester Zeit mit einem hübschen Thurm geschmückt, von dem man eine wunderbare Aussicht genießt. Wir haben nicht ohne Grund den Fremden eingeladen, den Morgen zum Besuche des Rehberges zu nehmen: er hat die Gelegenheit, die herrliche Gegend in Morgenbeleuchtung zu schauen; er mag dann gegen Abend den Trifels besteigen, um zu sehen, wie die untergehende Sonne ihre letzten Strahlen in die weite Rheinebene sendet, ehe sie hinter den dunkeln Wäldern des Wasgaues hinabsinkt. Trifft er gerade Vollmond, so ist ihm passende Gelegenheit geboten, in den Ruinen des altberühmten Schlosses von vergangener Herrlichkeit zu träumen.

Die Schönheit dieser unvergleichlichen Gegend liegt nicht blos in der reinen, klaren Luft, welche den Blick in die größte Ferne bringen läßt und sich nur im Süden ähnlich wiederfindet, sondern auch in dem Contrast zwischen der lachenden, glänzenden Rheinebene und dem dunkeln, ernsten Colorit des Wasgauer Waldes. Der Rehberg ist einer der schönsten Punkte der Pfalz; der Beschauer hat hier vor sich die Ebene, vom Schwarzwalde begränzt, nach Norden tritt ihm die stolze Bergwand des Orensberges entgegen, nach Westen schaut er in das romantische Gossersweiler Thal mit seinen seltsamen Steingebilden, und zu seinen Füßen liegt der Trifels mit seinen 3 Burgen, und im Thale, heimlich gebettet, das Städtchen Annweiler. Hat sich der Reisende hier satt gesehen, so ladet ihn eine überraschende, reich sprudelnde Quelle, unfern des Gipfels, hübsch eingefaßt und mit Bänken umgeben, zur Ruhe ein. Leichter zu besteigen und dem Städtchen näher gelegen ist der Trifels, die alte, einst so prächtige Kaiserburg, welche die Insignien des hl. römischen Reichs in ihren Mauern hütete. Der eine Berggipfel, der die Hauptburg trägt, heißt jetzt der Trifels, der mittlere, mit Felsblöcken bedeckt, Aneboß, der dritte, mit hohem Thurme, Scharfenberg (beim Volke die „Münz"). Der Hauptbau des Schlosses faßte in seinen untern Räumen das Verließ, dann die Capelle mit den Reichskleinodien, endlich in den obern Räumen den glänzenden Saal, welchen Kaiser Barbarossa mit Marmorsäulen und Platten schmückte. Hier saßen die Hohenstaufen, Heinrich IV. und der machtvolle Heinrich VI., hier schmachteten die sicilianischen Großen, der Seeräuber Margaritone, der Erzbischof Adalbert von Mainz, endlich Richard Löwenherz, in Gefangenschaft, bis ihn sein treuer Sänger Blondel fand, der, wie die Sage erzählt, die Burg mit 50 Begleitern stürmte. Die Geschichte weiß jedoch, daß der abenteuerliche König gegen Lösegeld in seine Heimath entlassen wurde. Ludwig der Bayer verpfändete die Burg an die Herzöge von Zweibrücken; mit der Kaiserherrlichkeit schien auch die Herrlichkeit des Schlosses enden zu sollen. Die Bauern plünderten dasselbe, und ein Blitzstrahl legte es in Trümmer und Asche. Bei all' den Gefühlen, die da unsere Brust bewegen, bleibt uns Deutschen doch der Gedanke tröstlich, daß das Reich Barbarossa's in neuem Glanze und frischer Kraft wiedererstanden ist.

Eine zweite lohnende Tour, welche allerdings etwas mehr Zeit in Anspruch nimmt, führt uns bei frühem Morgen durch den frischen Wald an dem Trifels vorüber nach der

Madenburg (Eschbacher Schloß). Kein Punkt der Pfalz kann sich mit diesem an Weite und Schönheit der Aussicht messen. Trunken schweift der Blick nach allen Seiten und weiß nicht, wo er haften soll. Dort links treten die dunkeln Thürme des Wormser Domes in blauer Ferne hervor, dort der gewaltige Gipfel des Melibokus an der Bergstraße, dort glänzt die Jesuitenkirche zu Mannheim herüber, dort hebt sich der Kaiserstuhl bei Heidelberg stolz in die Höhe; hier der gewaltige Bau, der wie ein Berg über die Bäume und Häuser hinausragt, das ist der Dom zu Speyer; etwas mehr rechts erblicken wir Carlsruhe und dahinter die dunkeln Berge des Schwarzwaldes; ganz rechts die schlanke, hohe Pyramide, das ist der Münster von Straßburg, nach welchem der Deutsche jetzt nicht mehr so wehmüthig blickt, wie in früheren Jahren. Und in diesem ungeheuern Rahmen die weite, dicht mit Wäldern, Gärten, Städten, Dörfern, Weinbergen bedeckte Gegend, durchzogen von dem silberschimmernden Rheinstrome, das ist ein überwältigend schöner Anblick. Wendet sich aber der Beschauer zurück und schaut durch die Fenster des zerfallenen Schlosses in das Wasgau, so möchte er beinahe schwanken, ob diese Aussicht der andern nicht vorzuziehen sei. Zu Füßen des Berges das stille, romantische Hambacher Thälchen und dahinter nichts als Himmel und Wald, so weit das Auge reicht. Eine Kuppe ragt über der andern hervor, da und dort der Gipfel gekrönt von einem mächtigen Felsblock oder den Ruinen einer zerfallenen Ritterburg. In diesen Burgen hauste so mancher Raubritter, oder, wie die Sage berichtet, auch mancher Lindwurm, und die ernsten Thäler waren Zeugen eines schrecklichen Zweikampfes, in dem der grimme Hagen sein Auge verlor, was sein Angesicht nur noch fürchterlicher machte. — Müde vom vielen Sehen lagern wir uns im weiten Schloßhofe und bemerken bald an den Trümmern, welch ein prächtiges Schloß einst diese Madenburg gewesen sein muß. Aus den wechselnden Stylarten geht hervor, daß daran manche Generation gebaut hat. Die Burg gehörte ursprünglich der reichen Abtei Klingenmünster und ging dann in die Hände der Fleckensteiner, der Edlen von Landeck, der Würtenberger und der Bischöfe von Speyer über. 1525 wurde sie von den Nußdorfer Bauern, 1552 von den Schaaren des Markgrafen Alcibiades von Brandenburg verbrannt. Im 30jährigen Kriege erlitt sie manche Plünderung, und der Franzose Montclar

legte sie 1680 für immer in Trümmer. — Wir verlassen das Schloß und wandern über Göcklingen nach dem alten
Klingenmünster. Rechts am Hügel im Kastanienwald, etwa ¼ Stunde von Münster entfernt, steht in reizender Gegend die vortrefflich eingerichtete und geleitete pfälzische Irrenanstalt, ein mächtig langes Gebäude. Der Eintritt wird gestattet, doch hinterläßt der Eindruck des Geschauten keine fröhliche Stimmung, wie er in die schöne Natur Gottes paßt, die wir durchstreifen. In Klingenmünster machen wir Mittag (Gastwirthschaft von Hoffmann) und versäumen nicht, die imponirenden Ruinen der Burg
Landeck unmittelbar hinter dem Dorf zu besteigen. Die Aussicht ist beschränkt, aber der Besucher blickt hier in einen der reichsten, gesegnetsten Striche der Pfalz, in das vollreiche Klingthal. Auf dieser Burg saß einst in dunkler Vorzeit der austrasische Frankenkönig Dagobert, von dem das Volk noch jetzt erzählt, und auf dessen Namen es eine Reihe Thaten anderer alten Fürsten vereinigt. Im Mittelalter besaßen die Grafen von Leiningen das Schloß, das die Bauern ebenfalls verbrannten. Nachher wurde es Eigenthum der Churpfälzer, die ihre „Amptleute" hieher setzten, bis der Franzosenkrieg von 1680 auch dieser Herrlichkeit ein Ende machte. Im Dorfe finden sich noch Reste der uralten reichen Abtei (Münster), welche die ganze Umgegend und manches schöne Schloß ihr eigen nannte.
In einer kleinen Stunde, die gewiß Niemand lange werden wird, erreichen wir von hier das uralte Städtchen
Bergzabern, jetzt durch eine Eisenbahn in den großen Verkehr gezogen. Bergzabern (Rößle) hat noch theilweise seine alten Mauern und Thürme, die auf eine lange Vergangenheit hindeuten. Es war unter den Römern ein bedeutender Etappenort, verschwindet dann aus der Geschichte, erhält von Rudolph von Habsburg Stadtrechte, wird von Friedrich dem Siegreichen erobert, von den Bauern geplündert und im 30jährigen Kriege in einen unwegbaren Schutthaufen verwandelt. Von den Franzosen hatte die Stadt ebenfalls viel zu leiden, und in den Jahren 1793 und 1870 standen ihre Bewohner nicht wenig Schrecken aus, als die Kanonen von Weißenburg herüber donnerten und heiße Schlachten ankündeten. Bemerkenswerth ist das weitläufige Schloß vor dem Städtchen mit hübschen Gärten, in welchem die von Göthe und Wieland gefeierte

Caroline Henriette, Landgräfin von Hessen, Gemahlin des Pirmasenser Ludwig IX., eine der geistvollsten Fürstinnen des vorigen Jahrhunderts, ihre Jugendzeit verlebte. Die Bewohner dieses Städtchens führen in der Pfalz den Namen „Böhemmer", von einem grauen Bergfinken, einem Wandervogel, der in kalten Wintern hier in großen Schaaren einzutreffen pflegt. Entweder hielten ihn die Bewohner für eine Ammerart (Buchammer), oder sie glaubten, derselbe komme aus Böhmen (Böheim) und legten ihm den Namen „Böhemmer" bei, der auf sie selbst überging. Die Jagd, welche Nachts bei Fackelschein getrieben wird, ist nicht ohne Interesse. In dunkeln Reihen sitzen die Vögelschaaren schlummernd auf den Aesten und werden mit Blasröhren einer nach dem andern lautlos herabgeschossen. — Von Bergzabern erreichen wir in 1½ Stunden das altberühmte, in schönster Gegend gelegene, elsässische Städtchen

Weißenburg (Engel). In der Gegend finden sich schöne Buchenwälder, und die Einwohner haben noch Spuren der früheren Volkstracht bewahrt. — Ist der Reisende ein rüstiger Fußgänger, so kann er die Strecke von Annweiler nach Weißenburg in einem Tage ohne Beschwerde zurücklegen. — Weißenburg liegt malerisch in dem Thalgrunde der Waldlauter, die dort aus den Bergen hervortritt. Die Stadt hat noch alte Befestigungen und eine wunderschöne gothische Kirche mit herrlichem Kreuzgang. Daneben stand eine hochberühmte, reiche Benedictinerabtei, deren Aebte Reichsfürsten waren und in deren Räumen der Mönch Otfried seine „Evangelienharmonie" gedichtet hat. Um die Mauern von Weißenburg tobte manche Schlacht; alte Leute erzählten dem Verfasser von dem Schreckenstage, als die Deutschen am 13. October 1793 die festen Weißenburger Linien stürmten, welche das Land längs der Lauter vom Gebirg bis an den Rhein versperrten. Die Jungen erinnern sich aber deutlicher des 4. August 1870, wo der Kronprinz von Deutschland die Franzosen überraschte und in raschem Anlauf die Stadt und den dahinterliegenden Geisberg nahm. Als erster Sieg im Kriege machte das blutige Treffen auf beiden Seiten tiefen Eindruck. Von dem Besitzer des hübschen Hofgutes an dem östlichen Abhange des Geisberges mag sich der Reisende manches Interessante aus der Schlacht berichten lassen. Wir werfen von der Höhe des Berges, den früher 3 Pappeln weithin kennzeichneten, noch einen

Blick in das schöne, reiche Elsaß und über den großen Bienwald, der die ganze Strecke von der Lauter und von Schaidt bis an den Rhein ausfüllt und der Tummelplatz von kühnen Wilddieben und Schmugglern gewesen ist, und setzen dann unsere Schritte weiter, um das Wasgau, nicht mit Unrecht die Pfälzische Schweiz genannt, zu besuchen.

Es gibt nichts Schöneres, als im Hochsommer früh Morgens durch ein stilles Waldthal zu schreiten. Heilige Ruhe umfängt uns von allen Seiten, die Morgensonne vergoldet die Berggipfel, im Thale ist Alles so grün und frisch, und der klare, murmelnde Waldbach weiß uns nicht genug von seinen Geheimnissen zu erzählen. Das Alles stimmt uns so fröhlich und wohlgemuth, daß wir noch einmal so frisch und kräftig unsern Weg verfolgen. Eines von diesen poetischen Waldthälern nimmt uns auf, wenn wir von Weißenburg der Lauter nach gegen Dahn zu wandern. Diese Lauter kann man wirklich getrost den schönsten Bach der Pfalz nennen; seine Wasser werden von keiner Fabrik getrübt und entweiht, spiegelklar rinnt er dahin, und die flinken Forellen spielen in seinen Wellen. Links drüben liegt das schöne, romantische Sauerthal mit dem bedeutenden Orte

Schönau, wo sich Eisenwerke befinden. Hat der Fremde Zeit und ist er Freund von solchen Gegenden, so mag er einen Abstecher dahin machen. Er findet dort auf hohem (570 Meter) Berge die alte Reichsfeste Wegelnburg, die schöne Burg Blumenfels, die nahe Hohenburg, die Ruine Fleckenstein, den Stammsitz der berühmten Ritter gleichen Namens, den Löwenstein, wo der Raubritter Lindenschmitt hauste, die Burg Blumenstein und die Trümmer des Wasichensteins, der schon im Nibelungenlied eine Rolle spielte. Der Tag, den der Wanderer auf diesen Gang verwendet, wird ihn sicherlich nicht gereuen.

Bei Niederschlettenbach, wo uns die halb verfallene St. Annacapelle in's Auge fällt, welche das Grabmal des churpfälzischen Marschalls „Hans von Drot" enthält, verlassen wir das Lauterthal und wenden uns rechts in das Thälchen, das nach Erlenbach abzweigt. Rechts fällt uns ein altes Raubnest, „Kleinfrankreich" genannt, in die Augen, ihm gegenüber erhebt sich über dem schöngelegenen Dorfe Erlenbach (gutes Wirthshaus) die merkwürdige Ruine Berwartstein, die eines Besuches werth ist. Hier kommen wir auf die Straße, die von Bergzabern nach Dahn führt, welche wir in westlicher Richtung verfolgen. Rechts hinüber erhebt sich das hochgelegene Lindelbrunnerschloß, eine feste Leininger Burg mit schöner Umschau, wo der Förster gute Wirthschaft hält. Wir befinden uns in der Gegend der grotesken, wunderlichen Sandsteingebilde, der auffallendsten Felsengruppen, die man nur sehen mag, und die diese Gegend zu einem der interessantesten Punkte Deutschlands machen. Oft weiß der Reisende nicht, ob er eine Burg oder einen Fels, ein Gebilde der Natur oder der Menschenhand vor sich hat, ja manche Felsgestaltungen sind so auffällig und kühn, daß sie nach des Volkes Ansicht nur der Teufel zu seinem Gebrauche errichtet haben kann. Bei Bufenberg fallen uns Trümmer in die Augen, von denen wir im Augenblicke nicht wissen, ob sie ein Vulkan hieher geschleudert hat, oder ob die Menschen hier ihre Hände im Spiel gehabt hatten. Es ist das die feste Burg Drachenfels, einst Raubritternest, später beim Landauer Bund (worunter Sickingen) gehörig, ganz in den Felsen eingehöhlt und des Besuches werth. Noch eine Strecke, und das Thal erweitert sich, und vor uns liegt im Wiesenthale das Städtchen

Dahn, wo der Reisende beim Mittagsmahle der prächtigen Forellen nicht vergessen mag, die hier allezeit zu haben sind. Dahn besitzt solche Naturschönheiten, daß der Ort in weitesten Kreisen bekannt zu werden verdient. Die Eisenbahn, welche man eben von Landau nach Zweibrücken führt, wird sicher, daran zweifeln wir nicht, eine große Menge Wanderer bringen. Die Höhen der Berge rings um uns sind mit Burgen oder seltsamen Steingebilden geschmückt, in denen die Phantasie des Volkes bald einen Napoleonskopf, bald einen Eisenbahnzug erblickt; hoch über das Städtchen hinaus ragt der Jungfernsprung, ein steil abspringender Fels, von welchem eine verfolgte Jungfrau heil und unversehrt in das Thal gesprungen sein soll. Oestlich von Dahn, etwa $1/2$ Stunde entfernt, erheben sich die weitläufigen Trümmer der Schlösser Alt- und Grafendahn, Sitze des gewaltigen Elsassergeschlechts von Thann. Auf der entgegengesetzten Seite finden wir an einem romantischen Punkte, von uralten Bäumen umgeben, die stattliche Ruine Neudahn, wo sich's bequem ruhen und träumen läßt.

Von Dahn schlagen wir den kürzesten Weg nach **Annweiler** ein, der auch der schönste ist. Er führt uns über **Erfweiler, Schwanheim, Lug** und **Wernersberg** in 3 kleinen Stunden durch die romantische Gegend des Gossersweiler Thals nach dem ersehnten Ziele. Ueberall hat der Reisende Gelegenheit, die merkwürdigste Formation der Sandsteinfelsen zu beobachten, und niemals wird ihm der Charakter dieser auffallenden Gegend aus dem Gedächtniß schwinden.

Führt der Reisende Gepäck bei sich, so mag er es am folgenden Tage nach Neustadt expediren, wohin er in einem Tagemarsch auf einem überaus kurzweiligen Wege gelangen kann. Wir lenken unsere Schritte nach Queichhambach und wenden uns dort ganz nördlich gegen **Eusserthal**, von wo wir die Burg

Scharfeneck zu besteigen gedenken. — Es ist das ein ehemaliges prächtiges Schloß **Friedrich's** des **Siegreichen**, dessen schöne Gemahlin **Clara von Detten** sich hier aufgehalten haben soll. Der Kaiser erhob ihren Sohn in den Reichsfürstenstand, und die Fürsten von **Löwenstein** gehören heute noch zum höchsten Adel Deutschlands. Die Burg wurde im Bauernkriege zerstört und später von den Franzosen geschleift. Auch in ihren Trümmern ist sie noch sehenswerth und viel besucht. Auf schattigem Waldwege gelangen wir in ³/₄ Stunden nach dem bekannten Kaltwasserbad

Gleisweiler (Badereſtauration, Bier bei **Kümmich**). Das schöne Badhaus, in einem Einschnitte des Berges heimlich gelegen und mit hübschen Anlagen umgeben, ist zum Bleiben allerdings einladend, und wenn der Reisende nicht sehr eilt, kann er von hier eine interessante Partie auf den **Orensberg** machen. Das Bad ist zu einer Wasserheilanstalt und Molkencur vortrefflich eingerichtet, und namentlich zur Traubencur sehr zu empfehlen. Nicht nur Kranke, sondern auch ruhebedürftige Leute, deren Nerven einer Stärkung und Auffrischung bedürfen, werden sich an diesem Orte mit seinen mannichfaltigen, abwechselnden Spaziergängen sehr wohl befinden. — Von **Gleisweiler** gelangen wir in kurzer Zeit nach

Burrweiler, in dessen alter Kirche sich ein merkwürdiger Grabstein und eine Kreuzigung Christi aus der niederländischen Schule befindet. Ueber das Thälchen herüber glänzt von der Höhe die St. Anna-Capelle mit ihren Stationen, ein viel besuchter Wallfahrtsort. Wir schlagen die Straße nach

Weyher ein, die uns zwischen Weinbergen am Bergeshange hinführt und überall einen reizenden Ausblick über die reiche, mit Dörfern besäete Gegend gewährt. Von Weyher, wo guter Wein wächst, erreichen wir in kurzer Zeit die auf der gegenüberliegenden Höhe thronende, im Kastanienwalde versteckte

Villa Ludwigshöhe, ein Lieblingsaufenthalt des unter den Pfälzern wegen seiner Leutseligkeit beliebten Königs Ludwig I. von Bayern. Die Villa, aus drei großen, von einander getrennten Gebäuden bestehend, ist im einfachen, vornehmen, neu-italienischen Style von Gärtner erbaut. Hoch oben über dem Schlosse auf steilem Hange liegen die Trümmer der Rietburg, die der greise, aber lebensfrische König nicht selten besuchte. Ein angenehmer Weg führt uns in das nahe gelegene

Edenkoben (Schaaf, Bierbrauerei Mayer), ein von reichen, stattlichen Dörfern, wie Rhodt, Maikammer, Edesheim, umgebenes Städtchen. Von hier erreichen wir in wenigen Minuten mit der Bahn

Neustadt a. d. Haardt (Löwe, Post, Schiff, Lamm, Restauration von Hoffmann, Bahnhofsrestauration, Schießhaus, Vier bei Straßer, im Café Helffenstein). Das Städtchen liegt malerisch im engen Thale des Speyerbaches, wo derselbe aus dem Gebirge in die Ebene heraustritt. Es hat eine alte Geschichte und mußte im 30jährigen und Bauernkriege viel durchmachen. Vor der Mordbrennerei der Franzosen wurde es dadurch bewahrt, daß sich die Tochter des churpfälzischen Kanzlers, Kunigunde Kirchner, entschloß, den französischen Kriegscommissär de Werth zu heirathen. Bemerkenswerthe Gebäude zählt die enge, ziemlich unsaubere Stadt wenige. Stattlich anzusehen ist der Bahnhof, der aber dennoch für den ungeheuern Personenverkehr an diesem bedeutenden Knotenpunkt nicht ausreicht. Auf dem Platze an demselben erhebt sich gegenwärtig ein Saalbau, der ein hübsches Gebäude zu werden verspricht. Sehenswerth sind die alte gothische, leider im Innern durch eine Scheidewand getrennte Stadtkirche und die ganz neue, modern gothische katholische Kirche mit schlankem Thurme. Ganz in deren Nähe steht das zopfige Casimirianum, wohin im Jahre 1580 die reformirten

Universitätsprofessoren von Heidelberg zu dem geistvollen Pfalzgrafen Johann Casimir übersiedelten und vielbesuchte Vorlesungen hielten. Als der lutherische Ludwig VI. in Heidelberg jedoch starb, kehrte die Universität wieder zur alten Heimath zurück. Bemerkenswerther als die Gebäude der Stadt sind ihre Einwohner, die sich bemühen, in Sprache und Wesen die pfälzische Liebenswürdigkeit und Unart herauszukehren. Es ist das ein lebenslustiges, stets heiteres, spottsüchtiges und raisonirendes Völkchen, nicht wenig von Durst und Einbildung geplagt, mit dem der Fremde jedoch angenehme Stunden verlebt, wenn er gute Lunge, starkes Trommelfell und guten Magen besitzt. — Eine der lohnendsten Pattien von Neustadt führt uns auf die nahe gelegene

Calmit, welche neuerdings mit einem hübschen Aussichtsthurme versehen wurde. Wir gehen eine kleine Strecke nach Westen in das Neustadter Thal, wenden uns bei der Papiermühle links und folgen dem Laufe des Baches, der uns die Richtung des Berges anzeigt. Der Umblick auf der Höhe lohnt wirklich die Anstrengung; wir genießen hier eine Aussicht in die weite Rheinebene und die dunkeln Wälder des Westrichs, die nur von der auf Schloß Madenburg übertroffen wird. Etwa eine halbe Stunde nach Süden liegt im kühlen Walde der preußische General Pfau begraben, der hier „am Schänzel" (Steigerkopf) 1793 im blutigen Gefechte den Heldentod fand. General Wurmser ließ ihm einen Denkstein setzen. Von der Calmit steigen wir die Abhänge nach Südosten hinab und bald liegt

St. Martin vor uns, dessen Kirche eine treffliche, mittelalterliche Steinsculptur enthält, die Kreuzigung in hautrelief vorstellend. Auch finden wir hier die Grabmäler des berühmten Geschlechts Dalberg, das auf der hinter dem Dorf gelegenen, sehenswerthen

Kropsburg residirte. Dieselbe wurde zur Hohenstaufenzeit erbaut, entging größern Zerstörungen und war noch vor 60 Jahren in bewohnbarem Zustande, als sie die Dalberger an einen Ebenkobener verkauften, der sie zum Steinbruch benutzte. Allein die vorhandenen Trümmer sind immer noch ausgedehnt, von malerischer Schönheit und geben einen Begriff von der ehemaligen Pracht des Schlosses, das dem ersten deutschen Adelsstamme gehörte. Von der Kropsburg wenden wir uns nach

Maikammer, einem stadtähnlichen Orte, wo man in der Wirthschaft von Leberle mit Speis' und Trank vortrefflich bedient wird. In der Kirche findet sich ein sehr hübsches Altarbild, das der Schule Albrecht Dürer's angehört. — Von Maikammer treten wir den Rückmarsch an nach Hambach, über welchem sich majestätisch die

Maxburg erhebt. Dieselbe ist von Mittelhambach (treffliche Wirthschaft von Nikolaus) leicht zu besteigen und gehört zu den schönsten Ruinen Deutschlands. Auf einem, in die Ebene vorspringenden, mit Kastanien bedeckten Hügel erbaut, gewährt sie einen weiten Umblick in die reiche, blühende Gegend. Die Entstehung der „Kästenburg", wie sie früher hieß, reicht in graue Zeiten zurück. Kaiser Heinrich IV. flüchtete hieher, und die Sage will, daß er von hier nach Canossa gewandert sei. Die Bauern waren im Jahre 1525 nicht wenig lüstern nach dem trefflichen Weine, der in den kühlen Kellern der Burg lag und wurden Tage lang nach der Erstürmung nicht nüchtern; im Rausche verbrannten sie auch den herrlichen Bau, der den Bischöfen von Speyer gehörte. Nach der Schlacht von Pfeddersheim mußten sie aber das Schloß wieder aufbauen. Der wilde Alcibiades von Brandenburg ließ auch diese Burg in Flammen aufgehen, welche dann in dem französischen Kriege völlig zerstört wurde. Das Jahr 1832 hat die Burg, damals Hambacher Schloß geheißen, in Deutschland berühmt gemacht. Damals regten sich in Folge der französischen Juli-Revolution zum ersten Male in Deutschland die nationalen Ideen, und am 26. Mai 1832 wurde von Siebenpfeiffer und Wirth eine Versammlung nach Neustadt, zur Verbrüderung der deutschen Stämme, ausgeschrieben. Tausende und Abertausende zogen darauf auf den Bergesgipfel, darunter auch Börne. Tapfere Reden wurden gehalten, allein die Sache hatte zunächst keine weitere Folge, als daß man noch einige Zeit die häßlichen Hambacher Bärte trug. Die Idee selbst hat erst 38 Jahre später geläutert und veredelt ihre Verwirklichung gefunden. 1842 schenkten die Pfälzer die Burg dem bayerischen Kronprinzen **Max** bei seiner Verlobung. Voit entwarf die Pläne zur Restauration, die aber in Folge des Jahres 1849 nur halb ausgeführt wurde. Nun beginnt auch der Neubau bald zur Ruine zu werden, wie dies den Werken der neuen Zeit gerne und rasch begegnet. Von der Burg steigen wir bequem in östlicher Richtung herab und gelangen über Oberhambach in ³/₄ Stunden nach Neustadt zurück.

Will der Fremde einmal die Schönheit des pfälzischen Waldes bewundern, so ist ihm hiezu im Elmsteiner Forste Gelegenheit geboten. Hier betritt er das pfälzische Waldland, das eine Strecke von 42 ☐Meilen im Ganzen bedeckt. Er begreift da, warum der „Jäger aus der Churpfalz" das Nationallied des Pfälzers geworden ist, und glaubt manchmal, ein stolzer Hirsch müsse grade durch diese gewaltigen Bäume schreiten und das Hallali der Jäger durch die Lüfte schallen. Es wird hier in der That noch manche fröhliche Jagd abgehalten, wenn auch nicht mit dem Hofgepränge der Vorzeit. Sind auch die Hirsche verschwunden, so gibt es doch noch Wildschweine und Rehe genug. Wenn uns zeitweise Besorgniß ergreift, daß der Wald bald abgeholzt und unter die Eisenbahnen gelegt, daß der letzte Baum und mit ihm alle Poesie bald verschwunden sein werde, so kann uns hier diese Furcht benommen werden. Wir benutzen die Bahn, welche sich durch das gewerbreiche Neustabter Thal nach

Lambrecht hinzieht, von wo wir unsere Fußtour antreten. Lambrecht ist ein lebhaftes, aufblühendes Tuchmacherstädtchen mit einer gothischen, leider thurmlosen Kirche. Es verdankt sein Aufblühen vertriebenen Hugenotten, die hier eine Freistatt fanden und die Kunst der Tuchmacherei mitbrachten. Bei dem nahegelegenen

Frankeneck, mit bedeutender Papierfabrik, führt der Weg links durch ein schönes, stilles Waldthal nach

Elmstein, wohin uns ein frischer, plätschernder Forellenbach geleitet. Etwa eine Stunde von Frankeneck weg steigen plötzlich links und rechts aus dem Walde zwei Felsennester, das linke ist

Spangenberg, rechts Erfenstein. Ersteres war bischöflich speyerisch, letzteres gehörte den Dalbergen. Die beiden Burgen sind schwer zu besteigen und bieten wenig Interessantes, um so mehr Sagen laufen aber über dieselben im Volksmunde um. Dieselben waren durch eine lederne Brücke verbunden, die der Spangenberger einst im Zorn durchschnitt, so daß der Erfensteiner zerschmettert in's Thal stürzte. Auch entführte der kühne Caspar von Spangenberg einstmal des Kaisers Tochter und brachte sie hieher, und gelang es dem Kaiser nur mit Mühe, wieder seines Kindes habhaft zu werden.

3*

Daß die Kinder beider Rittergeschlechter öfters einander unglücklich liebten, ist bei der Nähe der Burgen und dem tragischen Charakter der deutschen Volkspoesie selbstverständlich. — Wieder eine Strecke weiter erblicken wir hinter dem Breitensteiner Hof die Burg Breitenstein, von welcher nur noch ein mächtiger Thurm erhalten ist. Hier wendet sich unser Weg nach rechts, und bald haben wir die freundlichen Walddörfer

Appenthal und **Elmstein** (Zur Burg) erreicht. Das Dörfchen bietet außer einer hübschen Lage wenig Sehenswerthes: der hohe, alte Thurm inmitten der Hütten ist der Ueberrest einer Burg, die zum ersten Male von den Bauern 1525 und zum zweiten Male von den Franzosen zerstört wurde und seitdem in Trümmern liegt. Wer gerne frische Forellen ißt, kann sie hier haben; auch sorgen die zahlreich hier wohnenden Forstleute, daß ein „guter Stoff" nicht ausgeht. Denjenigen Reisenden, die eine solche Waldgegend lieben, rathen wir, von hier aus nach dem hochgelegenen Forsthaus

Johanniskreuz weiter zu gehen, wo sie bei den Förstersleuten vortreffliches Quartier finden. Für Leute, welche die Ruhe und frische, gesunde Waldluft suchen, ist dieses Johanniskreuz ein geeigneter Erholungsort. Das Fremdenbuch zählt nicht wenige Besucher auf, die hier fröhliche und vergnügte Stunden verbracht haben. — Sollte zu diesem weiten Ausfluge Zeit oder Lust fehlen, so rathen wir, einen Knaben zu nehmen, der den Reisenden durch den schönsten Wald über das Schwarzsohler Forsthaus nach Weidenthal geleitet, von wo aus derselbe in einer halben Stunde mit der Bahn Neustadt wieder erreicht.

Eine dritte Tour, weniger anstrengend als die vorige, führt uns zunächst nach dem nördlich von Neustadt, hoch am Bergeshange gelegenen Dorfe

Haardt (Bauer, Merkel). Eine einzige, unendlich lange Reihe von Häusern zieht sich am Rande des Waldes inmitten von Weinbergen dahin, und die Einwohner haben eine schönere Aussicht aus ihren kleinen Wohnungen, als viele Fürsten aus ihren Palästen. Am Eingange des Dorfes links sehen wir die Burg Winzingen, Haardter Schlößchen genannt, einst churpfälzisches Lustschloß, jetzt Eigenthum von Privaten, die sich hier ein Wohnhaus erbaut haben. An dieses Besitzthum schließen sich die hübschen, dem

Publicum geöffneten Wolf'schen Anlagen an, die an einigen Stellen einen reizenden Ausblick in die Gegend gewähren. Von Haardt aus ist einer der schönsten Punkte der Gegend, das

Weinbiet, am besten zu besteigen, von dem aus man eine prachtvolle Umschau in diesen weiten Garten Gottes hat. Der Gipfel erhält jetzt einen Aussichtsthurm, zugleich als Andenken an das Jahr 1870. Von dem Berge steigen wir in südwestlicher Richtung herab und erreichen in kurzer Zeit die Trümmer der gegen Lambrecht hin gelegenen

Wolfsburg. Das Volk erzählt viel von schrecklichen Raubrittern, die hier gehaust haben sollen, allein die Geschichte weiß, daß diese Burg zum Schutze der Stadt Neustadt gegen Angriffe von Westen hier angelegt wurde. Der 30jährige Krieg brachte der Burg den Untergang. — Unmittelbar unter der Stadt nach Osten liegt das Dörfchen

Winzingen, das am ersten Sonntage im Juli eine der größten Kirchweihen feiert. An diesem Tage ist es interessant, das Leben und Treiben des Pfälzers zu beobachten.

Von Neustadt führt zwar eine Bahn nach Dürkheim, allein wir rathen dem Fremden, der Freude an Fußmärschen hat, nicht zu deren Benützung. Eine prachtvolle Straße führt uns in 3 kleinen Stunden zum ersehnten Ziele. Wer durch die Dörfer zwischen Neustadt und Dürkheim wandelt, glaubt sich in eine fortlaufende Reihe reicher Städtchen versetzt, nur manchmal unterbrochen von Anlagen, Gärten und kostbaren Weinbergen. M u ß b a ch mit Gimmeldingen (Geburtsort des Cardinals Geissel), **Königsbach, Ruppertsberg, Deidesheim, Forst, Wachenheim** sind jedem Weinkenner bekannte und theure Namen. Für Auslese aus guten Jahrgängen werden hier unglaubliche Preise erzielt. Als feinster Wein gilt Forster Kirchenstück, der sich allerdings nicht so häufig findet, als er auf den verschiedenen Weinkarten Europa's und Amerika's verzeichnet steht. Den Keller eines großen pfälzischen Weinproducenten, wie sie sich in diesen Orten vielfach finden, zu sehen, möge der Reisende nicht versäumen. Die Gelegenheit dazu durch Empfehlungen oder Besuch findet sich nicht allzuschwer. Etwas schwerer möchte es sein, wenn man eines solchen Besuches nicht gewohnt ist, beim Verlassen des Kellers das nöthige Gleichgewicht zu behaupten. Es macht dem ächten Pfälzer keine kleine Freude, dem Fremdling bei solchen Gelegenheiten einen kleinen Haarzopf anzuhängen.

Deidesheim ist ein schönes Städtchen, das im 30jährigen, französischen und Bauernkriege von Raubbanden viel zu leiden hatte. Dieser Ort trat einst an die Gemeinde Lambrecht gewisse Waldgerechtsame ab, unter der Bedingung, daß die Lambrechter an jedem zweiten Pfingsttag vor Sonnenaufgang einen tüchtigen Geisbock an dem Rathhaus zu Deidesheim ablieferten, den jedes Mal der jüngste Bürger jener Gemeinde escortiren mußte. — Dieser Geisbock hat einem jungen, leider zu früh verstorbenen pfälzischen Dichter, Schauffert (Verfasser von „Schach dem König"), Anlaß zu einem Lustspiel, aber auch den Lambrechtern zu einem hartnäckigen Proceß gegeben, der 6 Jahre dauerte. Da sie ihre Sache verloren, stellten sich an einem zweiten Pfingstfeiertage rechtzeitig die 6 jüngsten Lambrechter Bürger mit 6 qualificirten Böcken wieder in Deidesheim ein. — ½ Stunde weiter liegt das stattliche Forst und wieder eine halbe Stunde von diesem entfernt das reiche Städtchen

Wachenheim, überragt von den Ruinen der Wachenburg. Die Besitzungen der Familie Wolf zeigen fürstliche Pracht und sind des Beschauens werth. Wir erwähnen, daß diese Weingegend den Speyerer Bischöfen gehörte, die den herrlichen Rebensaft wohl zu würdigen verstanden. Hier ward im Mittelalter mancher Sauflampf aufgeführt, wie ihn Cooper in seinem Roman („Heidemauer") vortrefflich schildert, und auch die neue Zeit sah manchmal solche Heldenthaten, ohne sie jedoch weiter dem Gedächtniß der Nachwelt aufzubewahren. Die schrecklichen Verwüster der Pfalz, die Bauern, die Horden des 30jährigen Krieges und die Franzosen haben die Wachenburg zerstört und dem Ort manches schwere Ungemach zugefügt. — Noch eine kleine Strecke des schönsten Weges und wir befinden uns in dem altberühmten, wegen seines Weines und seiner Lage vielgepriesenen Städtchen

Dürkheim (4 Jahreszeiten, Hotel Häußling [früher Reiß], Haardtgebirg, Café Schüpple, Bier bei Bart und Welzner). Das alte, enge und hügelig gebaute Städtchen ist sehr belebt und hat einen hübschen Kurgarten. Der neue Thurm der protestantischen Kirche ragt stattlich über die Giebel der alten

Häuser und hat das Aussehen des Ortes sehr verschönert. Dürkheim, an dem Isenachbach gelegen, war früher ein zum Schutze der Limburg angelegter fester Platz, aus dem der im Elsaß ansässige, wegen seiner deutschen Gesinnung bekannte Graf Dürkheim-Montmartin herstammt. Friedrich der Siegreiche nahm dem Grafen von Leiningen die Stadt ab, die hernach in den uns bekannten Kriegen vielfach geplündert und verheert wurde. Als die Adeligen von ihren Schlössern in die Thäler zogen, erhob der Fürst von Leiningen Dürkheim zu seiner Residenz und baute hier einen prächtigen Palast, umgeben von berühmten Kunstgärten. Die Franzosen machten der kurzen Herrlichkeit 1794 rasch ein Ende. — Unser erster Gang führt uns nach der schönsten Ruine der Pfalz und einer der schönsten Deutschlands, nach den großartigen Trümmern der Abtei

Limburg. Ein angenehmer, nicht steiler Weg führt durch das Dörfchen Grethen zur Spitze des Hügels. Die Größe der Ruine, die Schönheit des gothischen Thurmes, die Reinheit des romanischen Styls, in dem der herrliche Dom ursprünglich gebaut war, erregen unsere Bewunderung. Wir begreifen, wie der Abt Tritheim von Sponheim diese Kirche die prächtigste des ganzen Benedictiner-Ordens nennen konnte. Wir denken mit tiefstem Bedauern, was muß das einst für ein Land gewesen sein, als noch alle diese herrlichen Burgen in ihrem Glanze prangten, als noch diese stattlichen Abteien und Dome die Bergesspitzen krönten und schmückten? Auch dieser Bau ist, wie so mancher andere, dem Streit und der Eifersucht zwischen geistlichen und weltlichen Mächten zum Opfer gefallen.

Kaiser Konrad II., dessen Vorfahren hier eine Burg, Lindburg genannt, besaßen, beschloß auf Wunsch seiner Gemahlin, an dem Ort, wo ihr ältester Sohn bei einer Jagd gestürzt und gestorben war, ein großartiges Kloster zu bauen. Im Juli des Jahres 1030 legte er zuerst den Grundstein zur Abtei Limburg, dann am selben Tage noch den Grundstein zum Speyerer Dome. Beide Kirchen wurden in dem damals zur schönsten Blüthe gelangten romanischen Style aufgeführt, und keine gab der andern an Pracht und Größe viel nach. Heinrich III. vollendete die Limburg und ihr Abt führte das Inful und besaß das Lehensrecht über viele vornehme Herren und Grafen. Auf der westlichen Seite befand sich das hohe Postal, von zwei hübschen Thürmen flankirt und mit einer mächtigen Kuppel bedeckt. Das Schiff hatte 19 Altäre und war 350 Fuß lang und 140 breit. 20 mächtige Säulen trugen die Halle und der im Osten gelegene Hochaltar starrte von Gold und Marmor. In den Seitenchören wurden die Angehörigen der Leiningen'schen Familie, unter dem Conventschore die Mitglieder der rheinischen Herzogsfamilie beigesetzt. Die Abtei, die Mönchszellen und ein Kreuzgang um den Friedhof lagen nördlich von der Kirche. Die Pracht und der Reichthum der Kirche und die Macht des Abtes waren dem Leininger Grafen, der auf der gegenüber liegenden Hardenburg saß, ein Dorn im Auge. Schon 1471 ließ er das Kloster plündern und 1504 in der bayerischen Erbfehde warfen seine Leute in die von Vertheidigern und Mönchen verlassene Abtei Feuer, das in 12 Tagen und Nächten die herrliche Kirche verzehrte und schauerlich in die Rheinebene hineinleuchtete. Später begann man wieder zu bauen, und daher rührt der gothische Thurm; allein die Abtei kam nie wieder zum alten Glanze und wurde unter dem Zahn der Zeit und den Händen praktischer Leute, die hier ihre Steine brachen, zur Ruine.

Will der Wanderer einen kleinen Umweg machen, so mag er über das idyllisch gelegene Dörfchen Seebach mit einer sehenswerthen romanischen Klosterkirche nach der Stadt zurückkehren. — Ein zweiter Gang gilt der stolzen, düstern Burgruine

Hardenburg, zu deren Füßen angeschmiegt das Dörfchen Hardenburg liegt. Mit Staunen sehen wir die gewaltigen Thürme und Mauern, mit Schrecken die tiefen, schauerlichen Burgverließe, mit Interesse die schönen Reste des Renaissancestyls. Auf dem schattigen Lindenplatz finden wir Gelegenheit zur Ruhe und zu Betrachtungen über die malerische Ruine. 500 Jahre saßen hier die Grafen von Leiningen jüngerer Linie, eins der stolzesten Adelsgeschlechter Deutschlands, jetzt auch mit dem englischen Königshofe verwandt. Nachdem die Burg im 16. Jahrhundert prächtig renovirt, aber 1689 von Melac verbrannt war, zog der Fürst 1725 nach Dürkheim; allein er ließ die Stammburg wieder herstellen, damit sie 1794 die Franzosen abermals zerstören konnten. Von Hardenburg besteigen wir den Kästenberg, um uns die Reste der

Heidenmauer, eines mächtigen Steinwalles von $^1\!/_2$ Stunde Umfang, zu betrachten. Derartige befestigte Lager befinden sich auf dem Donnersberg, dem Drenfels, dem Treitelsberg und bei

Wachenheim; sie scheinen keltischen oder germanischen Stämmen zum Zufluchtsort gegen anstürmende Feinde gedient zu haben. Unweit der Heidenmauer liegt ein gewaltiger Fels mit Spuren menschlicher Bearbeitung, der wahrscheinlich als Opferstein gebraucht wurde. Die Volkssage erzählt, der Teufel habe sich bereit finden lassen, an der Limburg mitzuarbeiten, weil man ihn versicherte, der Bau sei zu einem Wirthshause bestimmt; er trug die größten Steine mit Leichtigkeit herbei; allein als er endlich die Glocken läuten hörte, merkte er, daß er (wie es ihm bei den Deutschen öfters ging) geprellt war. Im höchsten Grimme griff er nach dem naheliegenden Steine, um ihn auf die Abtei zu schleudern, allein siehe da, der Stein war butterweich und zerging unter seinen Krallen. Da stieß der Teufel ein Wuthgebrüll aus und that noch Etwas, wovon man jetzt noch die Spuren am Steine sieht. Eine Variante der Sage berichtet, man habe dem Teufel das erste lebende Wesen versprochen, das die fertige Kirche betrete, und hernach ihm zum Schabernack zuerst einen Hund in die Kirche getrieben. — Unfern des Teufelsteines finden wir den Weilach (Forsthaus), ein beliebter Ausflugsort der Dürkheimer, mit vortrefflicher Restauration.

Eine dritte interessante Tour, zu der der Fremde jedoch eines Wegweisers bedarf, führt uns durch die Wälder nach den Burgen Alt- und Neuleiningen. Von dem alten, hochberühmten Kloster Höningen mit seiner prächtigen Kirche sind nur noch wenige Spuren übrig. Nach der Reformation war hier ein Gymnasium, das später nach Grünstadt übersiedelte. Der schöne Taufstein der Klosterkirche steht jetzt in der protestantischen Kirche zu Sausenheim. Links, aber auf der Höhe, liegt der weitzerstreute Ort Karlsberg (Matzenberg), früher eine Freistatt für alle möglichen Vagabunden und fahrendes Gesindel, jetzt die Heimath von herumziehenden Händlern, ein Gewerbe, das auch die Bewohner des benachbarten Wattenheim treiben. Bald erreichen wir

Altleiningen, wo sich in idyllischer, überaus einsamer Gegend die Trümmer eines gewaltigen Schlosses erheben, das zu den größten Deutschlands gehört haben muß. Es ist das die Stammburg der Leiningen älterer Linie, die später nach Grünstadt übersiedelten, und von deren Blut in den Adern der Königin Victoria fließt, worauf wir reisende Engländer hiemit ernstlich aufmerksam gemacht haben wollen. Die Burg, wohin ein Leiningen eine bayerische Herzogstochter, ein anderer eine Fürstin Hohenlohe heimführte, wurde im Bauernkriege zum ersten und 1690 von den Franzosen zum zweiten Male gestürmt und zerstört. Die gewaltigen Trümmer sind sehr sehenswerth, obschon sie leider (wie in der Pfalz und in Rom häufig) als Steinbrüche benützt wurden. Im Dorfe Altleiningen entspringt ein reicher Brunnen aus 22 Röhren, der bald eine Mühle treibt. Wir folgen dem Bache, der uns durch ein idyllisches Thal nach der Ebene führt. Beim Austritt aus den Bergen erblicken wir links auf der Höhe, wie eine Bergfestung ausschauend, Dorf und Burg Neuleiningen. Die Burg, die einst umfangreich, stark und schön gewesen sein muß, wurde im Bauernkriege in Folge des klugen Benehmens der Gräfin, die den Bauern freundlich aufwartete, geschont, dagegen 1695 von den Franzosen zerstört. Die Trümmer selbst, ein Gang durch das mittelalterlich aussehende Dorf und die weite Fernsicht in die Rheinebene bereiten dem Besucher reichen Genuß und allerlei Abwechselung. Im Orte befindet sich eine gute Wirthschaft. Von Neuleinigen, dem auf gleicher Höhe der steile Battenberg mit seinen seltsamen Steingebilden und Oggergruben gegenüber liegt, steigen wir hinab nach Sausenheim und wandeln von hier durch einen dichten Kirschenwald nach dem nahen Städtchen Grünstadt (Hotel Ilgen, Bier: Jacobslust, Seltsam), das, in einem Obsthain gelegen, seinen Namen nicht umsonst führt. Das lebhafte Städtchen, am Fuße eines steilen Berges hingestreckt, bietet wenig Bemerkenswerthes. Die beiden Schlösser der Leininger Grafen sind — charakteristisch — zu Wohnungen der neuen Großmächte: in eine Fabrik und eine Schule, umgewandelt. 1690 wurde die Stadt zerstört und in der französischen Revolution verließen die Leininger, von denen noch viele Anekdoten im Städtchen circuliren, für immer ihre Residenz. Einige nicht unbedeutende Maler, der aus Goethe's „Wahrheit und Dichtung" bekannte Seekatz, dann Schlesinger und Roos sind hier geboren. Von Grünstadt wird der Fremde bald mit der Bahn nach Dürkheim zurückfahren können. Für jetzt ist er darauf angewiesen, die schöne Strecke zu Fuß zurückzulegen, und wir rathen ihm, den Weg am Gebirge hin über Weisenheim am Berg und Leistadt einzuschlagen. Die Aussicht in die reiche, stark bevölkerte Gegend ist sehr lohnend. Willder Fremde noch einen Tag zugeben, so möge er denselben zu einem Spaziergange nach den berühmten Weinorten **Kallstadt**, **Ungstein** und dem in einem Kirschenwalde anmuthig gelegenen, von mittelalterlichen Mauern umgegebenen Städtchen **Freinsheim** verwenden. Dürkheim selbst ist, wie wir nachträglich bemerken, als Traubencurort sehr zu empfehlen und bietet im Herbst beim Wurstmarkt ein sehr anschauliches Bild pfälzischer Lust und Fröhlichkeit.

Nur ungern scheiden wir von hier, um uns von der hellen, sonnigen Vorderpfalz, wo uns das Herz weit und der Sinn fröhlich wird, nach dem ernsten, stillen Westrich zu wenden. — Der Reisende, welcher Gepäck hat, möge dasselbe mit der Bahn nach Kaiserslautern vorausschicken, da wir den Weg durch das idyllische **Jägerthal** nach **Frankenstein** einschlagen wollen. Allenthalben im Thale durch die Namen der Gegend und mancherlei Ruinen von Jagdhäusern werden wir daran erinnert, daß die Leininger einst große Nimrode waren, denen zu Liebe Iffland seine „Jäger" gedichtet hat. Das Volk, welches viel Wildschaden zu leiden hatte, war auf diese fürstliche Leidenschaft weniger gut zu sprechen, als der Dichter. Etwas abseits am Wege liegen zwei Forsthäuser mit den merkwürdigen Namen: Kehr' dich an Nichts! Murr' mir nicht viel! mit welchen Redensarten feindliche pfälzische und Leiningen'sche Förster sich zu tractiren pflegten. — Unterhalb der Sägmühle wenden wir uns bei der Mündung eines kleinen Waldbaches in die Isenach links, da wir nicht versäumen wollen, den nahegelegenen

Drachenfels zu besteigen. Derselbe erhebt sich 572 Meter über das Meer und ist von einer riesigen Steinmasse gekrönt. Die Aussicht hat etwas Großartiges, Einförmiges. Wie das Meer in seiner Einförmigkeit etwas Erhabenes und Erhebendes hat, so wird das Herz ernst gestimmt, wenn man sich einsam findet in dieser Stille des ungeheuren Waldes. Eine Sturmnacht mag hier, wie Blaul richtig bemerkt, großartig und feierlich sein, und gerade dann könnte man sich am leichtesten in jene gewaltige Zeit zurückversetzen, wo hier in der Felsenkammer der gräuliche Drache hauste, den Siegfried erschlug, in dessen Blut er „hörnen" geworden ist. Haben wir einen Wegweiser bei uns, so kann uns derselbe auf kürzerem Wege nach dem malerischen Orte

Frankenstein geleiten, wo wir wieder auf die Eisenbahn stoßen. Unmittelbar über dem Eisenbahntunnel liegt in steiler Höhe die ehemals Leiningen'sche und dann Nassau'sche Burg **Frankenstein**, welche das ganze Thal sperrte und beherrschte. — Unmittelbar vor dem Orte nach Westen führt uns eine enge Schlucht rechts in ein enges, idyllisches Waldthälchen, wo die kleine, hübsche Burg **Diemerstein** aus dunklem Gebüsche herauslugt. Ein Mannheimer Banquier bewohnt die kleine Villa am Fuße des Hügels, welche sich allerdings zur Sommerfrische vortrefflich eignet. Burg Diemerstein ist ein von Neustadt und Kaiserslautern gern und viel besuchter Ausflugsort. — Von **Frankenstein** aus benützen wir die Bahn, welche das enge Thal von **Neustadt** bis **Kaiserslautern** durchläuft und 13 Mal die Berge durchbricht. Der letzte Tunnel zwischen Hochspeyer und Lautern hat eine Länge von 1347 Metern. — Die Gegend wird einförmiger, das Thal weiter, wir befinden uns in wenigen Minuten in der alten Stadt

Kaiserslautern. 18,300 Einwohner. (**Schwanen**, Hotel **Krafft**, **Carlsberg**, **Post**. Café **Carra**, **Krämer**, **Fritz**. Restauration und Bier bei **Wächter**, **Jänisch**, **Orth**, **Schuck**, **Gelbert**, **Mayer**.) Die Stadt ist sehr alt und trägt doch, wie dies in der Pfalz oft der Fall, kein alterthümliches Gepräge, da sie mehreremale gestürmt, geplündert und verheert wurde. Hie und da tritt noch die alte massive Stadtmauer mit einem Thürmchen hervor und zeigt, wie sehr die neue Stadt aus ihrem alten Kleide herausgewachsen ist. Alt ist ferner noch die große protestantische Kirche, früher zu einem Prämonstratenserstift gehörig, im 13. Jahrhundert erbaut. Dieselbe ist äußerlich durch Anbauten und innerlich durch häßliche Emporbühnen und schlechten Anstrich verunstaltet, soll aber nunmehr gründlich reparirt werden. In dieser Kirche feierten 1818 die Lutheraner und Reformirten des Landes ihre Union. — Der Ort war der Lieblingsaufenthalt der großen Hohenstaufen, welche hier ein bedeutendes Jagdschloß besaßen. Damals fanden sich allerdings hier gewaltige Forsten, mit Hochwild gefüllt, und große Seen, von Fischen wimmelnd, so daß der Kaiser in stiller Einsamkeit dem Waidwerk obliegen und sich von den Anstrengungen der Schlacht und der Regierung erholen konnte. Kaiser Friedrich II. setzte in den Kaiserwoog einen Hecht, mit einem dehnbaren Halsband versehen, der 1497 gefangen und auf die Tafel des Churfürsten Philipp von Heidelberg gebracht wurde. Er war 19 Schuh lang und kann der Reisende in den untern Räumen der Fruchthalle ein gelungenes Conterfei des Fisches finden. Dem alten Barbaroffa, der im Schooße des Kyffhäusers schlummern soll, verdankt die Stadt den großen Reichswald, der eine beträchtliche Rente abwirft und von Zeit zu Zeit umgangen wird, wobei früher die Schulknaben auf den einzelnen Steinen „gepritscht" wurden, um ihr Gedächtniß für die Gränzen des städtischen Eigenthums zu schärfen. Im 30jährigen und im Franzosenkriege hatte die Stadt viel zu leiden. 1793 und 94 wurden hier zwei bedeutende Schlachten zwischen Preußen und Franzosen geschlagen. Es finden sich noch auf einigen Bergeshöhen alte Schanzen, und ist namentlich die große Galgenschanze eines Besuches werth. 1793 schlug der alte Prinz von Braunschweig hier den von Landstuhl anrückenden Hoche und 1794 Prinz Hohenlohe den französischen General Meunier. Vor 80 Jahren noch war Kaiserslautern ein kleines, schmutziges, rußiges Städtchen, in das die von Mainz und Frankfurt nach Metz und Paris führende Kaiserstraße und der Fruchtmarkt ziemliches Leben brachte. Es herrschte dazumal in der Stadt kein überflüssig feiner Ton und ein ziemlich hausbackenes, spießbürgerliches Wesen. Das Jahr 1849 brachte hierin eine Aenderung hervor, aber nicht durch seine Revolution, die hier ihren Hauptsitz hatte, sondern durch den Eisenbahnbau, der damals vollendet wurde. Bald erkannte man, daß gerade diese Stadt sich zu Anlagen von Fabriken eigne. Das Baumaterial lag nahe und war billig, Kohlen führte die Bahn aus den nahen Saargruben rasch bei und die Arbeitskräfte stellten die umliegenden kleinen Waldnester, die sich sonst nur vom Holzfrevel nährten. Nun erhob sich eine Fabrik nach der andern, eine Straße um die andere wurde gebaut, und die Stadt hat heute noch in ihrem Aeußern ganz den Typus des Unfertigen, Unvollendeten, wie man ihn an den rasch wachsenden Orten Amerika's bemerkt. Innerhalb eines Menschenalters ist der Ort um das Dreifache an Ausdehnung und Einwohnerzahl gewachsen und hat derselbe nach unserer Ansicht noch eine bedeutende Zukunft. Auch ist sein Aussehen freundlicher geworden, obschon der Einwohnerschaft immer noch mehr Schönheitssinn zu wünschen wäre. An Spaziergängen, an Bäumen und Alleen, auf Plätzen und Straßen herrscht absoluter Mangel. Was den Ton und die Lebensweise betrifft, so findet man hier schon den Charakter einer Handels- und Fabrikstadt mit ihren angenehmen und unangenehmen Folgen. Ein Glück für die zahlreichen Arbeiter ist, daß sie nicht in ungesunden Casernen zu wohnen brauchen; sie haben sich nach und nach am gesundesten Platze der Stadt, den sogenannten „Kotten", eine kleine Arbeiterstadt von freundlichen, einstöckigen Häusern gebaut, wahre Paläste gegen ihre Hütten in dem armen Waldnest. Lustig ist anzusehen, wie alle Nachbarn geschäftig mithelfen, ein solches Häuschen zu errichten, das oft in wenigen Tagen aus der Erde hervorsteigt. Das bedeutendste neue Gebäude der Stadt ist die von Voit im Renaissancestyl gebaute Fruchthalle mit großem Saale, die gegenwärtig zur III. Pfälzischen Industrieausstellung benutzt wird. Auch auf das Schulwesen verwendet die Stadt viele Kosten, und ist neben einer Industrieschule ein Gymnasium eben im Entstehen; die Gewerbschule genoß schon lange im Lande eines guten Rufs. Das damit verbundene neu geordnete naturhistorische Museum ist mit eines der schönsten und des Besuches werth. An der Stelle des Kaiserpalastes erhebt sich das Landeszuchthaus, eine ansehnliche, im Ganzen gut eingerichtete Anstalt, in welcher das sogenannte gemischte System, d. h. Zellen- und gemeinsame Haft verbunden, zur Anwendung gebracht wird. — Hübsche Ausflüge, die der Fremde nicht versäumen möge, führen nach

Otterberg mit seiner großen, prächtigen, im romanischen Style gebauten Klosterkirche, die leider keine Thürme besitzt und inwendig durch eine Mauer zertheilt ist. Sie mißt 77 Meter in der Länge, 36 am Kreuzchor in der Breite und 29 in der Höhe. Gleichfalls sehenswerth ist die alte Burg

Hohenecken, eine Stunde von Kaiserslautern entfernt, anfangs den Herren von Hoheneck, dann den Pfalzgrafen gehörig. Dieselbe soll jetzt vor weiterer Zerstörung durch Fürsorge der Regierung bewahrt werden. — Endlich führt uns eine dritte Tour über den Aschbacherhof, wo die Ruinen einer alten Kirche an ein Dorf erinnern, das im dreißigjährigen Kriege von der Erde verschwand, nach dem

Karlsthal, dem lieblichsten unter allen poetischen und idyllischen Plätzchen der Pfalz. Man denke sich ein enges, steiles Felsenthälchen ganz von schattigen Buchen überwölbt und von einem wunderbar klaren Bache durchströmt, der hier perlende Cascaden bildet, dort einen kleinen Weiher, dort wieder unter Felsen völlig verschwindet, und zu all' dem an dem Ausgang des Thälchens auf steiler Höhe eine wirkliche alte Ritterburg,*) so hat man ein annäherndes Bild dieses köstlichen Juwels unter den Schönheiten des Westrichs, den auch König Ludwig I., ein Kenner jeglicher Schönheit, nach Gebühr würdigte. Die alte Burg gehörte dem bekannten pfälzischen Geschlechte von Flörsheim. Die nahen Eisenwerke sind Eigenthum des kgl. Kämmerers Freiherrn von Gienanth zu Hochstein. — Das hochgelegene

Trippstadt besitzt ein ziemlich wohl erhaltenes Schloß, früher dem Geschlechte der von Haake gehörig.

Wir verlassen Kaiserslautern, um einen Abstecher nach der Nordpfalz zu machen, der einige Tage in Anspruch nehmen dürfte. Diese Gegend trägt einen andern Charakter als die Vorderpfalz. Es finden sich da keine weiten, lachenden Ebenen, sondern ein hügeliges Fruchtland, das mehr den Eindruck des Ernsten hervorbringt. Auch auf die Bewohner dieses Striches scheint dieser Charakter übergegangen zu sein. Sie sind etwas rauher, ernster und zäher, als die Vorderpfälzer, und auch ihr Dialect ist härter klingend, als die andern der Pfalz. Mit Naturschönheit ist auch diese Gegend reich bedacht und darum eines Besuches wohl werth. Wir benützen die Alsenzbahn bis

Winnweiler (Hoster, Bier bei Bischoff), einem kleinen, lebhaften, hübsch gelegenen Städtchen. Wer ein Freund der mittelalterlichen Baukunst ist, darf nicht versäumen, bei der Station

Enkenbach auszusteigen, um das prachtvolle, romanische Portal der Klosterkirche zu bewundern. Von Winnweiler schlagen wir entweder den Fußweg über die hochliegende Kapelle oder den Fahrweg über das Gienanth'sche Eisenwerk Hochstein ein, um das romantische Falkensteinerthal zu besuchen. Dasselbe hat Aehnlichkeit mit dem Karlsthal bei Trippstadt, nur besitzt es größere Ausdehnung und kühnere Felsgruppen. Kaum haben wir das schöne Thälchen durchschritten, so stehen wir an den hochragenden Ruinen der Burg

---

*) Wilenstein.

Falkenstein, dem Stammschloß des berühmten rheinischen Adelsgeschlechts, das bei der Revolution nach Oesterreich übergesiedelt ist. Ueber der Thüre eines aus den Steinen der alten Burg erbauten Häuschens, findet sich die Inschrift: „Melchior! wie Du willt!" mit welcher Aeußerung einst der Graf von Falkenstein seinem erzürnten Bruder, der mit einer Schaar Reisiger an dem Burgthore lagerte, besänftigt, und zur Versöhnung gebracht haben soll. Vom Schloß Falkenstein steigen wir über einen Sattel hinab in ein idyllisches Wiesenthälchen, das den schauerlichen Namen **Mordkammer** führt. Das Volk ist über die Entstehung dieses Namens getheilter Ansicht. Da alles Unheil in der Pfalz entweder vom „Schwed" oder „Bauer" oder „Franzos" angerichtet wurde, so soll hier entweder ein Bauernhaufe oder eine Franzosenschaar niedergemacht worden sein, Andere meinen, die Schweden hätten eine spanische Abtheilung hier überrascht und in die Pfanne gehauen. Im Thalgrund liegt das freundliche **Marienthal**, einst ein berühmtes Kloster und Begräbnißort der Falkensteiner. Einzelne schöne Grabmäler sind in der neuen Kirche noch zu sehen, die allerdings an Schönheit den alten Bau nicht erreicht, welcher vor einiger Zeit wegen Baufälligkeit abgerissen werden mußte. Hoch über Marienthal liegt das Dörfchen **Ruppertsecken** mit den Trümmern einer Burg, die den Rheingrafen gehörte und von Friedrich dem Siegreichen geschleift wurde, der den Grafen von der Krobsburg hieher verfolgte und gefangen nahm. In Marienthal ist ein Schlüssel zum **Donnersberger Thurm** zu haben. Den majestätischen Bergrücken des 684 Meter hohen **Donnersberges** besteigen wir von der Mordkammer aus, wo uns ein prächtiger Pfad durch einen der schönsten Buchenwälder Deutschlands auf die Höhe des Berges führt. Vom Thurme aus überschauen wir die ganze hügelige Gegend vom Rhein bis an den Hundsrück. Namentlich der Sonnenaufgang ist hier ein bezauberndes Schauspiel. Südöstlich von der Bergeshöhe ragt der Thurm von **Göllheim** heraus, wo 1298 in blutiger Schlacht Kaiser Adolph von Nassau, wie man erzählt, von der Hand seines Rivalen Albrecht von Oesterreich den Tod fand. Man übersieht von hier aus das ganze Schlachtfeld. Das Heer Adolph's rückte von Marnheim und Dreisen gegen die Höhen, die Schaaren Albrecht's waren im Walde bis gegen Göllheim zu aufgestellt. — In der Nähe finden sich interessante Trümmer des Klosters **Rosenthal** mit einem gothischen Thurme; hieher wurde die Leiche Adolph's nach der Schlacht gebracht. Gerade nach Osten sehen wir unter uns die Burg **Bolanden**, Sitz eines berühmten ausgestorbenen Adelsgeschlechts, und weiterhin in das hübsche **Zellerthal**, das nach Worms zu führt und durch seinen starken Wein in letzter Zeit einen Ruf erhalten hat. Weiter endlich schweift unser Blick gegen **Alzei** und ganz nördlich sehen wir die Berge des Hundsrücken. Nach Westen überschauen wir den waldreichen Westrich bis in die Gegend von Kusel und hinauf an den Drachenfels. Haben wir uns an der Rundschau gesättigt, so steigen wir herab nach dem herrlich gelegenen, in einem Kastanienwald versteckten Dorfe

Dannenfels (Wirthschaft von Gümbel, gutes Bier bei Landerer), das sich zu einem klimatischen Curort vortrefflich eignen würde. Von hier erreichen wir in einer starken Stunde auf guter Straße das Städtchen

Kirchheimbolanden (Traube, alte Post, Bier bei Chormann, Hümmer, Restauration Bechtelsheimer). Dem sehr hübsch gelegenen Orte sieht man an seinen Gebäuden an, daß er eine kleine Residenz war. Die saubern Häuser mit ihren holländischen Dachstühlen geben demselben einen vornehmen Anstrich. Hier residirte im vorigen Jahrhundert ein Fürst von Nassau-Weilburg, der sich ein prächtiges Schloß mit gleich schönem Garten gebaut hatte und einen luxuriösen Hof hielt. Im Schlosse ließ sich auch der junge Mozart einmal hören. Die französische Revolution verscheuchte den Fürsten aus seinem Wohnsitz, der in die Hände von Privaten überging. Nur ein Flügel des Schlosses blieb stehen, und ihn verzehrte vor etlichen Jahren das Feuer. Den schönen Schloßgarten hat die prosaische Zeit in Ackerland verwandelt, wodurch Kirchheim seiner schönsten Zierde beraubt wurde. Das großartige Ballhaus dient zum Heuspeicher. Die neue Eisenbahn nach Mainz wird auch dieser etwas vereinsamten, aber sehr fruchtreichen Gegend neues Leben bringen. Von Kirchheim wenden wir uns nach

Rockenhausen, wohin wir den Omnibus benützen können. In diesem kleinen, angenehm gelegenen Städtchen besteigen wir die Eisenbahn, um uns das Alsenzthal hinab nach

Ebernburg führen zu lassen. Es ist das ein angenehmes, mit vielen Dörfern besetztes, schmales Thal, in dem da und dort guter, starker Wein gebaut wird. Von dem Dörfchen Ebernburg besteigen wir die Burg gleichen Namens, das Stammschloß Sickingen's, die altberühmte Herberge der Gerechtigkeit. Es ist dies einer der Glanzpunkte der Pfalz. In Deutschland mögen wenige Plätze sein, die sich an Großartigkeit und wilder Romantik mit der Ebernburg und ihrer Umgebung messen können. Wir schauen da in ein enges, grünes Thal, in das, durchströmt und eingefaßt von dem ansehnlichen Nahe-flüßchen, der hübsche Flecken Münster gebettet ist. Auf der einen Seite erblicken wir die 1000 Fuß hohe, dunkle, steil abfallende Felswand des Rothensteins, auf der andern Seite die groteskten, zackigen Klippen des Rheingrafensteins, der auf seiner Spitze, wie einen Adlerhorst, die Trümmer eines Schlosses trägt. Namentlich prachtvoll ist der Anblick, wenn bei untergehender Sonne die Felsenspitzen wie vergoldet erscheinen, während das Thal mehr und mehr im bläulichen Schatten des Abends verschwindet. Die Burg gehörte einst zu den prächtigsten und stärksten Schlössern am Rheine. Hieher flüchteten zur Zeit der gewaltige Franz von Sickingen, alle ungerecht Verfolgten, hier weilten Bucer, Oekolompadius, Aquila und Philipp Melanchthon. Als die Reichsfürsten 1521 Landstuhl zerstört hatten, wo Sickingen fiel, mußte sich auch diese Burg ergeben, die hierauf geschleift wurde. Später erbauten die Söhne ihr Schloß in das Thal, allein die französische Revolution hat es spurlos weggefegt. Innerhalb der Schloßruine, die vielfach von Kreuz-nach besucht wird, steht jetzt ein ziemlich geschmackloses Gasthaus. Der Fremde möge nicht versäumen, den

Rothenstein und Rheingrafenstein zu besteigen, da er von jedem Punkte wieder neue Reize dieses wundervollen Panorama's gewahrt. Der Rheingrafenstein war Stammsitz des mächtigen, in dieser Gegend viel verbreiteten Geschlechts der „Rhein-, Rau- und Wildgrafen", von denen das Volk viel zu erzählen weiß; namentlich, daß der Graf von Grehweiler falsches Geld machte, um sich ein prächtiges Schloß im Orte bauen zu können, lebt noch in dem Munde der alten Leute. Er wurde vom Reichskammergericht noch bei Lebzeiten gestraft und vom Kaiser eingesperrt, sein Schloß aber von den Franzosen auf Abriß versteigert. — Die nahe gelegene

Stadt Kreuznach mit ihrem stark besuchten Soolbad und den hübschen Cur-Anlagen ist eines Besuches wohl werth.

Wir kehren von Ebernburg nach Altenbamberg zurück, wo wir das mächtige Schloß

Baumburg oder Bohreburg ersteigen, das zuerst den Raugrafen und später dem bekannten Freunde Sickingen's und einer Hauptstütze der Reformation, Hartmuth von Kronenburg, gehörte. Churfürst Friedrich erneuerte den Titel „Raugrafen" wieder, den er seinen Kindern von der „Degenfeld" ertheilte. Freunde von Fußtouren werden gewiß gerne den Stecken nehmen, um von hier über die Höhe nach

Obermoschel zu wandern. In dieser Gegend hauste lange Zeit im Anfange dieses Jahrhunderts Schinderhannes, der bekannteste Räuber des Rheinlands, der sein Handwerk im großartigsten Style trieb, von dem man in der ganzen Gegend, namentlich in Hallgarten und auf dem Dreiweiherhofe, die erbaulichsten Geschichten erzählt. Man erblickt hier den 422 Meter hohen Lemberg, auf dem Napoleon I. einen Telegraph errichtet hatte, und findet in der Nähe von Hallgarten die Trümmer des mächtigen Raubschlosses Montfart, das von Friedrich dem Siegreichen zerstört wurde. Das Städtchen Obermoschel liegt in einem engen, hübschen Thale, überragt von dem stolzen Gipfel des Moschellandsberges. Die Burg gehörte einer Seitenlinie des Hauses Wittelsbach und zeichnete sich durch Pracht aus, wovon allerdings jetzt wenig mehr zu sehen ist. In ihr hielt eine Tochter des großen Oranien's eine Zeit lang Hof, die an einen Zweibrücker Herzog vermählt war. Die Franzosen machten 1689 aller Herrlichkeit ein Ende. — Der Landsberg enthält Quecksilber; jedoch rentirten die von Engländern betriebenen Gruben nicht und ist die Arbeit jetzt eingestellt. Auch werden in dieser Gegend vielfach Kohlen zu Tage gefördert, so bei Gangloff, Odenbach u. s. w. — Von Obermoschel führt uns ein amüsanter Weg über Lettweiler nach Odernheim, wo wir das Glanthal erreichen. Noch ein kleine Strecke und wir stehen vor den Trümmern des hochberühmten Klosters

Dissibodenberg. Dasselbe wurde von dem bekannten deutschen Apostel Dissibod gegründet, der im 7. Jahrhundert aus Irland herüberkam. Es war eines der reichsten, prächtigsten und berühmfesten Klöster Deutschlands und hatte von gierigen Händen viel zu leiden. Ganz in der Nähe baute die hl. Hildegard im 12. Jahrhundert ein Kloster, von wo manche ihrer Weissagungen und erschütternden Bußpredigten in die Welt gingen. Von der Pracht des Klosters ist wenig geblieben, allein die Aussicht in die schöne, reiche Gegend, welche die Ansiedler einst hieher lockte, konnten die Verwüster nicht zerstören. Wir blicken in die beiden Thäler des Glans und der Nahe, welche hier zusammenfließen; rechts liegt das hübsche Oberheim, welches seit lange den alten Namen „Dredobernheim" nicht mehr verdient, links Staudernheim, vor uns öffnet sich das Nahethal mit seinen grünen Wiesen, lachenden Fluren, mit seinen Kastanien- und Nußbaumreihen, und die ganze Rundschau wird begränzt von den dunkeln Wäldern und Felsen des Hundsrücken. Das Städtchen vor uns im Thale ist Sobernheim, wo der Verfasser der Spinnstube, Oertel, längere Zeit Prediger war. Etwas mehr östlich erhebt sich die alte Burg Böckelheim, wo einst der unglückliche Kaiser Heinrich IV. von seinem Sohne gefangen gehalten wurde. — Von Obernheim wenden wir uns glanaufwärts und gelangen in 1½ Stunden nach dem überraschend schön gelegenen Städtchen

Meisenheim. Dieser mit alten Stadtmauern umgebene, von dem Glan durchflossene, baumreiche Ort gewährt mit seinen Thürmen und dem hochgelegenen Schlosse namentlich dem Reisenden, der von Rehborn kommt, einen malerischen Anblick. Das im Ganzen unbedeutende Schloß mit hübschem Garten war eine Residenz der Landgrafen von Hessen-Homburg, deren letzter Sprosse vor einigen Jahren starb, worauf das Ländchen an Preußen fiel. Die letzten Landgrafen sollen originelle Käuze gewesen sein, und werden noch manche Stückchen von ihnen unter der Bürgerschaft erzählt. Wahrhaft imposant ist der Anblick der auf einer hohen Plattform freigelegenen gothischen Kirche, die in allen Theilen, allerdings im spätgothischen Style, völlig ausgebaut ist, leider aber dem sichern Verfall entgegengeht, wenn nicht ein Mäcen von der Art Ludwig's von Bayern sie baldigst rettet.

Von Meisenheim wandern wir das reiche Glanthal, in welchem fleißig Viehzucht getrieben wird, aufwärts nach dem hübsch gelegnen Städtchen

Lauterecken, der einstigen Hauptstadt der Pfalzgrafen von Veldenz, einer Linie des vielverzweigten Wittelsbacher Hauses. Das Schloß ist in Privathände übergegangen. In dem alten Schloßthurm ließ am 24. August 1689 der streng lutherische Pfalzgraf Leppold seinen ältesten Sohn, der von längeren Reisen katholisch zurückgekommen war, erschießen. In der Nähe von Lauterecken, jenseits der Gränze, liegt das romantische Städtchen

Grumbach, wo ehemals das berühmte Rittergeschlecht der „Wildgrafen von Grumbach" seinen Sitz hatte. — Wir verlassen hier das Glanthal und wandern das idyllische Lauterthal aufwärts. Die an der Lauter und Alsenz eingeschlossene Gegend heißt im Volksmunde „die alte Welt" oder auch das „Buchfinkenland", und wird ihr manches Nachtheilige nachgesagt, allein es findet sich da Wohlstand und ein tüchtiger, zäher, manchmal eigensinniger Bauernschlag. Von Lauterecken nach Wolfstein rechnet man 2 Stunden und ist dem Verfasser dieser Weg nie lange geworden, der durch hübsche, heimliche Thalgründe und grüne Wälder führt.

Wolfstein, ein kleines, anmuthig gelegenes Städtchen, gehört mit seinen beiden alten Burgen und dem hohen Königsberg zu den schönsten Punkten des Westrichs. Die Burgen, der Churpfalz gehörig, dienten zur Sperre des Thales. Die Gegend ist sehr interessant für Geologen und Alterthumsforscher. Es werden hier allerlei Steinarten, Versteinerungen und Mineralien gefunden. Der Königsberg namentlich enthält Quecksilber. Ebenso häufig kommen aber auch Ueberreste aus der Römerzeit vor. Auf der Höhe von Rosenbach bemerkt der Wanderer die Reste eines römischen Castells, von dem Volke „Heidenburg" genannt, und wäre hier mancher alte Grabhügel noch aufzudecken und zu erforschen. Von Wolfstein bis Kaiserslautern mag der Reisende die Post benützen, da das Thal des Sehenswerthen und Interessanten wenig mehr bietet.

In Kaiserslautern besteigen wir die Bahn, welche uns durch den Reichswald und über eine waldige Hochebene nach dem alten Städtchen

Landstuhl (Engel, Burckardt, Lavall, Pallmann) führt. Der Torfmoor wird gegenwärtig ausgestochen und in Wiesengrund oder Wald verwandelt, und bieten die jungen Waldanlagen für den Forstmann einen erfreulichen Anblick. In Landstuhl angekommen, säumen wir nicht, das über das freundliche Städtchen hervorragende Schloß Sickingen's —

Nannstein, Nannstuhl geheißen — zu besuchen. Die Burg war fast ganz verschüttet, wurde aber in den letzten Jahren ausgegraben, wobei manche Spuren alter Herrlichkeiten zum Vorschein kamen. Jetzt befindet sie sich in Besitz des Hüttenwerkbesitzers Stumm von Neunkirchen, der ihr alle mögliche Aufmerksamkeit zuwendet und in den Schloßruinen eine kleine Statue Sickingen's, gefertigt von dem pfälzischen Bildhauer Hornberger, aufstellen ließ. Von der Plattform neben dem Thurme haben wir eine schöne Aussicht auf das heimliche, wie in einer Bucht gelegene Städtchen, den gegenüberliegenden hübschen Kastanienberg mit seinen Lusthäuschen, und weit über die Ebene hinüber auf die Höhen des Potsberges, das Bergnest Eulenbiß und den breiten Rücken des walbigen Donnersberges. Das Schloß gehörte dem reichen Adelsgeschlechte der Sickingen, das besonders in dieser Gegend sehr begütert war. Alle Glieder dieser Familie überragt an Ruhm und Bedeutung der edle Franz von Sickingen, der als Repräsentant des deutschen Ritterthums und Vorkämpfer der Reformation im Anfange des 16. Jahrhunderts eine große Rolle spielte. Er war ein gewandter, beredter, kühner Mann, der oft mit 20,000 Mann gegen die Reichsfürsten und Städte zu Felde zog. Die Landsknechte sangen zu seinem Lob ihre Lieder, und die Bauern der Sickinger Höhe wissen heute noch viel von der Schlauheit und Weisheit ihres „Fränzchens" zu erzählen, der seinem Wahlspruch „allein Gott die Ehre, lieb' den gemeinen Nutz, schirm' die Gerechtigkeit!" allezeit getreu blieb. Seinen großartigen Plänen, die auf Brechung der Fürstenmacht und Erhöhung der Kaisergewalt hinausgingen, machte ein früher Tod ein plötzliches Ende. Rasch zogen im April 1521 drei starke Reichsfürsten, der Churfürst von der Pfalz, der Erzbischof von Trier und der Landgraf Philipp von Hessen, denen er schon manchen Tort angethan, gegen ihn heran und es gelang ihm kaum, sich in seine starke Burg Landstuhl zu bergen. Hier umlagerte ihn der Feind und stellte auf der Seite nach Pirmasens zu seine Geschütze auf, denen die starken Mauern der Burg nicht Widerstand zu leisten vermochten. Als er am 7. Mai nach der bedrohten Stelle ging, drang ihm ein Splitter, den eine Kugel von einem Balken wegriß, in den Unterleib und verwundete ihn tödlich. Die Burg wurde übergeben und die Reichsfürsten trafen den sterbenden Helden in einer dunklen Casematte, wo sie erschüttert noch einige Worte mit ihm wechselten. Nur der Erzbischof war unedel genug, dem Verscheidenden Vorwürfe zu machen, worauf ihm dieser, das Antlitz abwendend, bedeutete, er habe es jetzt mit einem Größern zu thun. Der Leichnam wurde in einem Uhrenkasten in das Thal geschleift, später jedoch in der Stadtkirche beigesetzt, wo noch der etwas ruinirte Grabstein zu sehen ist. Die Söhne Sickingen's bekamen die väterlichen Besitzthümer erst 20 Jahre später wieder. Katholisch geworden, rotteten sie den Protestantismus in ihrer Herrschaft wieder aus, und lag gegen sie beim Reichskammergericht stets eine Masse Beschwerden vor. Das Geschlecht sank immer tiefer und der letzte Sickingen, ein curioser Mann, starb als Bettler in einem Dörfchen, wo ihm König Ludwig von Bayern einen Denkstein setzen ließ. Die Burg auf dem Berge haben die Franzosen zerstört, und auch von dem Schlosse im Städtchen, das abgerissen wurde, sind nur noch die Keller übrig. In der freundlichen, neuen protestantischen Kirche findet sich über dem einen Eingang ein fein gearbeitetes Sickingen'sches Wappen; auch an römischen Alterthümern ist der Ort reich, und in den Mauern der Burg selbst ein altes Götterbild eingefügt. An der Straße nach Kaiserslautern liegen 3 große Steinwürfel mit römischen Schriftzeichen bedeckt, welche das Volk, dem Franz von Sickingen schon zum mythischen Helden geworden ist, die „Würfel Sickingen's" nennt. Der Ritter soll mit ihnen über sein Loos gewürfelt, und als er lauter niedere Würfe that, dieselben im Zorne bis hieher geschleudert haben. Bei Kindsbach in einem Seitenthälchen steht ein römischer Altar mit 7 Relieffiguren, deren Bedeutung zu enträthseln bleibt. Der in dem Städtchen ansässige Rentner Benzino besitzt eine kleine, aber gewählte Bildersammlung von neueren Meistern, die der Fremde auf gestellte Bitte ansehen darf. Das große kasernenartige Gebäude mit der kleinen Capelle am Bergeshange ist ein katholisches Waisenhaus. Für Freunde der Landwirthschaft interessant wäre von hier aus ein Abstecher auf die reiche sicking'sche Höhe, wo der Ackerbau und die Pferdezucht in rationeller Weise mit großem Erfolge betrieben werden. Namentlich Gerhardsbrunn hat sich in dieser Hinsicht einen bedeutenden Ruf erworben. Auch trifft man in diesen kleinen, aber reichen

Orten noch manche andere eigenthümliche Einrichtungen und Gebräuche. — Von Landstuhl führt eine Zweigbahn nach Kusel, das wir nicht unbesucht lassen dürfen. Wir durchschneiden den Bruch in nördlicher Richtung, wenden uns hinter dem Orte Ramstein westlich und gelangen unterhalb Steinwenden und Niedermohr in das Glanthal, das eigentlich von Glanmünchweiler aus zu Fuß durchstreift werden sollte. Eine Viertelstunde von letzterem Orte nach Westen liegt der kleine Ort

Quirnbach, wo große Viehmärkte abgehalten werden. Namentlich der Augustmarkt ist berühmt und aus vielen Gegenden Deutschlands besucht. An diesem Tage bietet der Hügel oberhalb Quirnbach einen belebten Anblick, und ist es amüsant, den Käufern und Verkäufern zuzuhören und zuzuschauen; daß es dabei ohne „Winkuf" nicht abgeht, läßt sich leicht denken. Der schönste Theil des Thales tritt uns bei Theisbergstegen vor die Augen, wo plötzlich eine hohe, steile Bergwand das Thal zu verschließen scheint. Auf dem Fels erhebt sich eine Kirche mit etlichen Ruinen, es ist das der

Remigiusberg mit den Resten des einst hochberühmten Remigiusklosters. Der heilige Remigius taufte bekanntlich nach der Schlacht bei Zülpich den Frankenkönig Chlodwig, der dem berühmten Heidenapostel die Orte Kusel und Altenglan mit der ganzen Umgegend schenkte. Das Kloster wurde im 10. Jahrhundert erbaut, und war der Propst einer der reichsten, angesehensten Herren des Landes, so daß vornehme Fürsten nach dieser Würde trachteten. In der restaurirten Kirche, welche interessante Grabsteine enthält, wird von Zeit zu Zeit Gottesdienst gehalten. — Dem Remigiusberg gegenüber ragt der stattliche

Potsberg, der König des Westrichs, in die Lüfte, den der Reisende nicht unbesucht lassen darf. Man hat da eine herrliche Umsicht nach den Bergen des Wasgaues, dem Donnersberg, dem Hunsrück, ja bis zu den Fluthen des Rheins, in denen sich die glühende Abendsonne spiegelt. Der Berg enthält Quecksilber, weit mehr Gewinn werfen aber wohl die prächtigen Basaltsteine ab, welche man in der Umgegend bricht und bis zu den letzten Jahren zur Pflasterung von Paris verwendete; jetzt nach dem Kriege dienen sie in München zu gleichem Zwecke. — Vom Potsberg steigen wir hinab in den Thalkessel, in welchem der lebhafte, stattliche Ort Altenglan behaglich gebettet ist. Von hier erreichen wir mit der Bahn in kurzer Zeit das Städtchen

    Kusel (Lammert, Reux Bier bei Diel, Hirthes). Dasselbe hatte schwere Schicksale durchgemacht. Im dreißigjährigen Kriege verbrannten es die „Kroaten", 1677 und 1794 die Franzosen. Auf den Verdacht hin, es seien hier falsche Assignaten gefertigt worden, decretirte der Volksrepräsentant Hentz: „In Erwägung, daß in Kusel falsche Assignaten gemacht wurden, ferner daß die Stadt ohne Bedeutung für die Armee ist, soll sie niedergebrannt werden." Ein schöner Spaziergang führt aus dem winkeligen Kusel nach dem hochgelegenen Schlosse Lichtenberg, von wo man eine vortreffliche Aussicht hat. Alterthumsforscher machen wir noch auf das berühmte Mythrasbild (vom Volke das Grab Noäh genannt) im Dörfchen Schwarzerd aufmerksam. Von Kusel aus durchwandern wir das idyllische, stille Osterthal mit seinen wohlhabenden Bauernorten und gelangen nach kräftigem Marsche über Schönenberg und Waldmoor nach

    Homburg (Karlsberg, Graf Moltke, Bier bei Kappel). Das stille Städtchen liegt am Fuße eines steilen Berges, auf dem sich noch spärliche Trümmer der alten bedeutenden Feste Hohenburg finden, die von den Franzosen als wichtiger strategischer Punkt erweitert und verstärkt und später wieder geschleift wurde. Von Homburg nordöstlich liegen die Ueberreste eines prachtvollen Prunkschlosses, das der letzte Herzog von Zweibrücken, Carl, um 14 Millionen Gulden bauen ließ. Das Volk erzählt heute noch wunderbare Geschichten von der Herrlichkeit dieser Residenz, von den Thiergärten und den fremden Menschenracen, die in Höhlen und Hütten nach ihrer heimathlichen Weise wohnten. Kaiser Joseph II, der auch hier durchkam, konnte sich über diese Pracht nicht genug wundern. Herzog Carl war zugleich ein leidenschaftlicher Liebhaber der Jagd, die durch barbarische Gesetze beschützt wurde, ein Pferde- und Hundsnarr, ein gewaltiger Leuteschinder, der mit seinen Maitressen in diesem pfälzischen Versailles Ludwig XV. carrikirte und gleichen Haß wie dieser erntete. Wie Erlöser begrüßte das geplagte und ausgesogene Landvolk die Franzosen, die in der Nacht des 9. Februar 1793 das Schloß überfielen und verbrannten. Der Herzog entrann mit knapper Noth ihren Händen; die wenigen

Säulen, die noch stehen, erinnern an die letzten Strophen des Uhland'schen Liedes: „Des Sängers Fluch."

Von Homburg führt uns die Bahn durch ein weites, schönes Wiesenthal, an den Ruinen des, auf hohem Bergesvorsprung thronenden, durch Pracht berühmten und 1614 verbrannten Klosters Wörschweiler vorüber, nach der in grünem, frischen Wiesengrund gelegenen, von anmuthigen Hügeln umgebenen Stadt Zweibrücken. 8367 Einw. (Zweibrückerhof, Pfälzerhof, Ochsen, Café Schröbel, Bier im Tivoli, bei Leiner rc.) Die geraden Straßen im holländischen Style, die Alleen und öffentlichen Gebäude verkünden uns sofort, daß wir uns in einer ehemaligen Residenzstadt befinden. In der That residirten hier die Herzöge von Zweibrücken aus wittelsbachischem Stamme. Die gewaltigen schwedischen Könige Gustav und Carl XII. waren Zweibrücker Herzöge, und dem Bruder des letzten Zweibrückers, dem armen französischen Officiere Prinz Max, fiel der Churhut Bayerns und später dessen Königskrone zu. Das hohe, aber plumpe Residenzschloß ist jetzt zum Justizpalast umgewandelt, hinter demselben erhebt sich eine katholische Kirche. Die protestantische Alexanderkirche, leider außen mit Häusern verklebt, entstammt der spätgothischen Zeit und ist im Innern zweckmäßig restaurirt. Die Stadt besitzt ein Gymnasium, dessen Professoren einstens die bekannte Zweibrücker Classiker-Ausgabe veranstalteten. Das Landgestüt mit prächtigen Hengsten ist sehenswerth. Der schönste Spaziergang führt nach dem Hofe Tschifflik, den einst der Polenkönig Stanislaus Leszinsky in einen prächtigen Landsitz mit orientalischen Pavillons, Terassen und Seen umgewandelt hatte. Derselbe hielt nämlich eine Zeitlang in Zweibrücken Hof, das ihm nach seiner Vertreibung aus Polen sein Alliirter, der Schwedenkönig Carl XII., als Apanage verlieh. Von all' der frühern Herrlichkeit sind nur noch wenige Spuren, einige Alleen und kleine Bassins und zerfallene Gartenhäuser übrig, deren Anblick uns mit Wehmuth über die Vergänglichkeit des Schönen erfüllt. Des Polenkönigs Tochter, später Königin von Frankreich, ließ sich noch Kirschen von Tschifflik senden und dachte gewiß manchmal mit Sehnsucht an den stillen, romantischen Park, in dem sie oft gespielt hatte. Die in der Umgegend Zweibrückens gelegenen Dörfer Bubenhausen, Ernstweiler, Ixheim werden von der Stadt viel besucht, namentlich herrscht bei den Kirchweihen reges und fröhliches Leben, wie denn die guten Zweibrücker dem Vergnügen nicht abhold sind. — Freunden der Industrie rathen wir zu einem Ausflug nach

Pirmasens, das mit der jetzt im Bau begriffenen Bahn in Bälde rasch zu erreichen ist. Diese Stadt, hoch auf dem Berge gelegen, verdankt hfürstlicher Laune ihren Ursprung. An die Stelle eines Köhlerdörfchens mit einem einfachen Jagdschloß baute Ludwig IX., Landgraf von Hessen-Darmstadt, nach dem 7jährigen Kriege seine Residenz, die er alsbald mit großen Leuten aus aller Herren Ländern bevölkerte. Aus ihnen formirte er eine Armee, die er im Winter in dem größten Exercierhause Europa's, im Sommer auf dem weiten Exercierplatze manövriren ließ. Er starb 1790, und die französische Revolution verwischte die letzten Spuren fürstlichen Glanzes. 1793 wurde hier eine blutige Schlacht geschlagen, welche die Franzosen verloren. Der Kampf um's Dasein nöthigte die armen Pirmasenser, sich nach einem Erwerbszweig umzusehen. Bald entwickelte sich eine Glasindustrie, auch verfertigte man leichte Hausschuhe, die man in die Welt hinaustrug. Ehemals wußte man nicht, wer leichter war, die Waare oder ihre Trägerinnen, allein jetzt hat sich die Großindustrie dieses Geschäfts bemächtigt. Die Schuhe sind vortrefflich und werden zu Millionen nach allen Welttheilen versandt. Von diesem einträglichen Handwerk lebt beinahe die ganze Stadt und Umgebung. Auch nach der lothringischen Bergfeste Bitsch soll eine Eisenbahn über Hornbach gebaut werden, und rathen wir, diese Punkte dann ebenfalls zu besuchen. Das alte Städtchen

Hornbach, von Mauern umgeben, in hübscher Gegend gelegen, zeigt noch mancherlei Reste der welthin berühmten St. Pirmins-Abtei, die der bekannte Heidenmissionär Pirminius stiftete, welcher auch hier begraben wurde. Nach der Reformation wandelte Herzog Wolfgang von Zweibrücken das Kloster in ein Gymnasium um, das endlich nach Zweibrücken übersiedelte. Die kostbare Bibliothek des Klosters benützten im 30jährigen Kriege die Kaiserlichen, die von den Büchern eine ähnliche Ansicht haben mochten, wie die Mameluken in Alexandrien, zur Pferdestreu.

Bitsch, das im letzten Kriege vergeblich belagert und beschossen wurde, ist als steile Felsenfestung besonders sehenswerth. — Von Zweibrücken führt eine Bahnlinie über Einöd durch das breite, anmuthige Bliesthal nach dem hochgelegenen Städtchen

Blieskastel. Dasselbe entstammt der Römerzeit, in welcher hier ein starkes Castell stand. Am Orte selbst und in der Umgegend werden viele Alterthümer gefunden. An Stelle des alten Castells bauten die reichen Grafen von der Leyen hieher ein Schloß, das besonders der Churfürst von Mainz, Damian von Lehen, in aller Weise vergrößerte und verschönerte. Die Franzosen sorgten 1793 dafür, daß auch von diesem herrlich gelegenen und geschmückten Fürstensitze Nichts mehr übrig blieb. Von der Kapelle hat man eine schöne Aussicht in das weite, grüne Bliesthal und der Reisende wird sich gestehen, daß auch der Westrich mancherlei Reize zeigt, die man in der Vorderpfalz vergeblich sucht. Von Blieskastel wenden wir unsere Schritte über Lautlirchen nach

Kirkel, einem armen Dörfchen, über dem sich die prächtige Ruine Kirkel erhebt. Früher, als ihr hoher Thurm sich noch in den Wassern des (nunmehr ausgetrockneten) hübschen Sees spiegelte, gehörte dieser Punkt zu den schönsten der Pfalz. Auch heute noch ist er sehenswerth, und wird sich ein stolzerer Buchenwald, als der hiesige, so leicht nicht mehr finden. Das Schloß war zweihüldisch und wurde 1689 zerstört, von wem, brauchen wir nicht zu sagen. Von Kirkel setzen wir unsern Weg über Neuhäusel nach dem kohlenreichen Fabrikort

St. Ingbert (Conrad, Laur, Restaur. Seiter) fort. Die Stadt besitzt ausgezeichnete Kohlengruben und großartige Fabriken und hat sich in Folge dessen sehr rasch gehoben. Jetzt ist sie durch eine Eisenbahn in den Weltverkehr gezogen. Zwischen St. Ingbert und Duttweiler findet sich eine Naturmerkwürdigkeit, der sogenannte brennende Berg, der wohl vulkanischen Ursprungs ist. Aus den Ritzen bringt leichter Rauch, und in der Erde kann man Eier sieden.

Bei St. Ingbert verläßt der Reisende die Rheinpfalz, mag er aber über Saarbrücken mit seinem Spicherer Berge nach dem alten Trier davon eilen, oder über Neunkirchen durch das romantische Nahethal nach dem prächtigen Rheinstrome ziehen, er wird gewiß nie der sonnigen, lachenden Pfalz vergessen und der fröhlichen Tage, die er mit ihren Bewohnern verlebt hat.

Register.

	Seite		Seite
Albersweiler	23	Dahn	30
Altbahn	30	Dannenfels	40
Altenglan	57	Deibesheim	66
Altleiningen	41	Diemerstein	44
Alzey	15	Dissibodenburg	54
Anebos	25	Donnersberg	40
Annacapelle	29	Drachenfels	50
dto.	32	Drachenfels bei Dürkheim	49
Annweiler	23	Dürkheim	53
Appenthal	36	Dattweiler	60
Battenberg	42	Ebernburg	50
Baumburg	51	Ebenkoben	55
Bergzabern	27	Ebesheim	44
Berwartstein	30	Elmstein	35
Bliescastel	60	Entenbach	47
Bitsch	59	Erfenstein	35
Böckelheim	52	Erfweiler	30
Blumenfels	29	Erlenbach	29
Blumenstein	29	Ernstweiler	58
Bolanden	49	Eschbacher Schloß	26
Breitenstein	36	Eulenbis	55
Bubenhausen	58	Guffersthal	30
Burrweiler	30		
Busenberg	30	Falkenstein	48
Calmit	33	Fleckenstein	20

	Seite		Seite
Forst	38	Kaiserslautern	44
Frankeneck	85	Kallstadt	43
Frankenthal	15	Karlsberg	41
Frankenstein	44	Karlsthal	46
Freinsheim	48	Kästenburg	40
		Kehr' dich an nichts	43
Geisberg	28	Kirchhelmbolanden	49
Gerhardsbrunn	55	Kirkel	60
Germersheim	21	Kleinfrankreich	29
Gernsheim	15	Klingenmünster	27
Gimmeldingen	37	Klingthal	27
Glanmünchweiler	56	Königsbach	37
Gleisweiler	30	Kreimbach	53
Göcklingen	27	Kropsburg	33
Gobramstein	29		
Göllheim	48	Lambrecht	35
Gossersweilerthal	30	Landau	22
Grafenbahn	30	Landeck	27
Grethen	89	Landstuhl	53
Grumbach	53	Lautereken	53
Grünstadt	42	Lautzkirchen	60
		Leistadt	48
Haardt	36	Lettweiler	51
Hardenburg	40	Limburg	39
Heidenburg	53	Lindburg	30
Heidenmauer	40	Lindelbrunnerschloß	30
Hochstein	47	Löwenstein	29
Hohenburg	29	Ludwigshafen	16
Hoheneck	46	Ludwigshöhe	32
Homburg	57	Lug	30
Höningen	41		
Hornbach	59	Madenburg	26
		Maikammer	34
Jägerthal	43	Mannheim	16
Johanneskreuz	36	Marienthal	48
Itheim	44	Marburg	34

	Seite		Seite
Meisenheim	52	Rietburg	32
Moschellandsberg	51	Rockenhausen	49
Morlautern	48	Rosengarten	15
Murr mir nicht viel	42	Rosenthal	49
Münz	25	Rothenstein	50
Mußbach	37	Ruppertsberg	37
		Ruppertsecken	40
Mannstein	54		
Neubahn	30	St. Ingbert	60
Neuleiningen	42	St. Johann	28
Neustadt	32	St. Martin	33
Niedermoor	56	Sauerthal	29
Niederschlettenbach	29	Sausenheim	41
Nußdorf	23	Scharfenberg	25
		Scharfeneck	30
Oberhambach	35	Schönau	29
Obermoschel	51	Schönenberg	57
Obernheim	52	Schwanheim	80
Oggersheim	15	Schwarzensol	36
Drensberg	30	Seebach	40
Drenfels	40	Siebeldingen	23
Osterthal	57	Sobernheim	52
Otterberg	46	Spangenberg	35
		Speyer	18
Pfeddersheim	15	Staudernheim	52
Pirmasens	59	Steinwenden	56
Potsberg	56		
		Theisbergstegen	56
Queichhambach	31	Treitelsberg	40
Quirnbach	56	Trifels	25
		Trippstadt	47
Ramstein	56		
Rehberg	25	Ungstein	43
Remigiusberg	56		
Rheingrafenstein	50	Wachenheim	38
Rhodt	32	Waldmohr	57

	Seite		Seite
Wasichenstein	29	Willenstein	4
Wattenheim	41	Winnweiler	4
Wegelnburg	29	Winzingen	3
Weidenthal	36	Wolfsburg	3
Weilach	41	Wolfstein	5
Weinbiet	37	Worms	1
Weißenburg	28	Wörschweiler	5
Weisenheim a. B.	42		
Wernersberg	30	Zellerthal	4
Weyher	32	Zweibrücken	5